CLÍNICA PSICANALÍTICA

Blucher

CLÍNICA PSICANALÍTICA

Testemunho e hospitalidade

Marcio de Freitas Giovannetti

Série Escrita Psicanalítica

Coordenação: Marina Massi

Organização do volume
Alexandre Socha e Marina Massi

Clínica psicanalítica: testemunho e hospitalidade
Série Escrita Psicanalítica
© 2018 Marcio de Freitas Giovannetti
Editora Edgard Blücher Ltda.

Publisher Edgard Blücher
Editor Eduardo Blücher
Coordenação editorial Bonie Santos
Produção editorial Isabel Silva, Luana Negraes, Mariana Correia Santos, Marilia Koeppl
Preparação de texto Maurício Katayama
Diagramação Negrito Produção Editorial
Revisão de texto Fernanda Rodrigues Rossi
Capa Leandro Cunha
Paleta de cor da capa Helena Lacreta

Todos os esforços foram feitos para encontrar e contatar os detentores dos direitos autorais dos textos neste livro. Pedimos desculpas por eventuais omissões involuntárias e nos comprometemos a incluir os devidos créditos e corrigir possíveis falhas em edições subsequentes.

Blucher

Rua Pedroso Alvarenga, 1245, 4º andar
04531-934 – São Paulo – SP – Brasil
Tel.: 55 11 3078-5366
contato@blucher.com.br
www.blucher.com.br

Segundo o Novo Acordo Ortográfico, conforme 5. ed. do *Vocabulário Ortográfico da Língua Portuguesa*, Academia Brasileira de Letras, março de 2009.

É proibida a reprodução total ou parcial por quaisquer meios sem autorização escrita da editora.

Todos os direitos reservados
pela Editora Edgard Blücher Ltda.

Dados Internacionais de Catalogação na Publicação (CIP)
Angélica Ilacqua CRB-8/7057

Giovannetti, Marcio de Freitas
  Clínica psicanalítica : testemunho e hospitalidade / Marcio de Freitas Giovannetti. – São Paulo : Blucher, 2018.
  176 p.

ISBN 978-85-212-1336-9 (impresso)
ISBN 978-85-212-1337-6 (e-book)

1. Psicanálise I. Título.

18-0886   CDD 150.195

Índice para catálogo sistemático:
1. Psicanálise

Sobre a série Escrita Psicanalítica

O projeto de uma série com livros de autores da Sociedade Brasileira de Psicanálise de São Paulo (SBPSP) é fruto da pesquisa de doutorado *Trinta anos de história da Revista Brasileira de Psicanálise: um recorte paulista*. Nessa tese, abordei os artigos publicados na revista, de 1967 a 1996, por psicanalistas da SBPSP.

Entre os vários aspectos que pude observar, destacou-se a necessidade de organizar a produção psicanalítica dessa instituição, de seus primórdios aos dias de hoje, divulgada em revistas especializadas, atividades científicas ou aulas ministradas nos institutos de formação, influenciando várias gerações de profissionais ligados à Associação Psicanalítica Internacional (IPA).

A série Escrita Psicanalítica tem justamente a ambiciosa proposta de reunir, organizar, registrar, publicar, divulgar e consolidar a produção dos pioneiros e das gerações posteriores da SBPSP. Busca também retratar, para a própria instituição, o que nela foi criado de importante desde a sua fundação. Conta, assim, a história da SBPSP pelo veio da produção e da criação psicanalítica.

Esta série lança um olhar para o passado, pois organiza o que de melhor já foi feito, e um olhar para o futuro, pois transmite a fortuna da SBPSP não só como memória, mas como um importante material de estudo para os diferentes institutos de formação psicanalítica e cursos de pós-graduação no Brasil, além de para o público interessado.

Esta é uma oportunidade de promover uma leitura da história das ideias psicanalíticas – uma leitura crítica, comparada – e, ao mesmo tempo, permitir que os psicanalistas aqui apresentados sejam considerados enquanto autores, produtores de ideias e teorias; é uma oportunidade de sair do campo transferencial institucional e passar ao campo das ideias, da reflexão e do debate para além da pessoa do psicanalista.

A ciência e a arte necessitam de organização (ou curadoria) da contribuição que o ser humano foi e é capaz de realizar. Espero que esta série cumpra o objetivo de ser a história das ideias de muitos colegas brasileiros no âmbito da IPA, alguns infelizmente não estão mais entre nós, outros ainda estão em plena produção.

Marina Massi
Coordenadora da Série Escrita Psicanalítica

*Para Salete, Bruno, Julia, Luca e Laura,
testemunhas de quase todo meu tempo.*

Prefácio

É com prazer que saudamos a vinda à luz da produção escrita de Márcio Giovannetti, que aborda temas cruciais para nossa prática, seja a clínica, seja a da escrita, seja a de formar. Temas que desafiam o analista perplexo diante de um mundo, de uma temporalidade e de uma subjetividade estranhas ao *setting* psicanalítico convencional, e que Márcio enfrenta com coragem e inventividade, transitando por diversos autores clássicos e contemporâneos da psicanálise, da literatura, da sociologia e da filosofia.

Trânsito e transitoriedade são palavras que condensam boa parte dos temas dos textos aqui reunidos, e também revelam a forma de uma escrita que articula reflexões por meio de recortes e associações entre autores e tempos diversos, uma forma reflexiva e flexível, tecida no enfrentamento com as possibilidades da clínica num mundo em trânsito excessivo e mediado por tecnologias virtuais, em que jovens, cujo trabalho requer viagens constantes, clamam por sessões via Skype. Nesse mundo transitório, virtual e fragmentário, os relatos dos casos clínicos dão corpo às reflexões, são o centro a partir do qual se repensa o mundo e a clínica e se compreendem os movimentos do seu pensamento. Centro móvel, mais ainda ordenador, a sua maneira.

É assim que os trabalhos aqui reunidos revelam um autor comprometido com sua clínica e seu tempo, disposto a criticar práticas tradicionais em favor de uma psicanálise que não teme dizer a que veio.

O caso de um jovem executivo é paradigmático dessa empreitada. Seu trabalho requeria um excesso de viagens, nada mais nada menos que 87 viagens em dez meses. Nas entrevistas iniciais, um Márcio um tanto perplexo pondera com o paciente se seria útil atendê-lo nessas condições, ao que o jovem responde, numa manobra surpreendente em meio ao excesso de trânsito: "Não saia daí!". Márcio escuta o apelo e deixa-se estar nesse cenário instável. A dupla começa uma aventura por Skype, trafegando por hotéis, países e cidades. Criam um abrigo não no *setting* tradicional, mas na hospitalidade da palavra trocada em novos meios – os meios possíveis –, movendo fronteiras para poder acolher a alteridade desse paciente viajante, estrangeiro de si e do mundo em novos sentidos para além dos que a psicanálise já debatia. O jovem sai da depressão em que se encontrava, faz novos projetos, procura uma morada.

Esse jovem executivo, habitante de aeroportos e hotéis, do mundo virtual, metaforiza uma subjetividade que exige novos paradigmas. Márcio lança mão de autores que pensam o lugar do transitório, do "não lugar", entre eles Agamben, Benjamin, Marc Augé, Derrida, Baudrillard, Blanchot e Bachelard, com os quais procura repensar a clínica num mundo de fronteiras borradas, de narrativas empobrecidas, de afetação pela velocidade e pelo trauma informacional.

Alimentado pela leitura de *O que resta de Auschwitz*, de Agamben, Márcio se serve da função do testemunho. Guardadas as devidas proporções entre Auschwitz e a vida de seus pacientes, ele aproveita a reflexão de Agamben sobre as dificuldades dos sobreviventes dos campos de concentração em narrar o inenarrável de sua experiência. Diante de uma vivência humana em que se perderam todo e quaisquer referenciais de humanidade, Agamben descobre a inaudita força do testemunho naquilo que lhe falta: "aquilo que... solapa a própria eficácia do dizer e, por isso mesmo, institui a verdade de sua fala."[1] Não só interpretar, decifrar, pontuar, mas antes, testemunhar. Antes mesmo de acolher com palavras, oferecer-se como mera presença, mesmo que virtual, a um relato que não se sabe ainda se dizer nem como abrigar. Para então pensar como seguir viagem. O que temos é um autor que faz as vezes de narrador, testemunha e anfitrião para a nossa perplexidade enquanto analistas. Junto com seu paciente podemos dizer: "Não saia daí!".

Diante de um mundo difícil de se representar, em seu pensamento revela-se também a nervura do combate, uma espécie de húmus originário: a obra de Bion – o homem do front, do contato com a iminência da morte, com o pesadelo, com a psicose. A partir daí, entrevemos expansões em várias direções. A metapsicologia freudiana sofre novo acento – a importância da morte, do luto, do luto de Freud pela morte de seu pai, cuja elaboração resulta na obra magna *A interpretação dos sonhos* (1900). Na radicalidade do conceito de pulsão de morte, a ênfase não será mais a destrutividade, mas a mortalidade: castração, finitude e desamparo.

Podemos dizer que a finitude, junto à transitoriedade, é outra palavra que condensa os significados deste livro. E nela aparece uma outra nervura do pensamento de Giovannetti: a questão do corpo, sobretudo a do corpo morto. Somos feitos de corpo erógeno

---

1 Gagnebin, J. M. (2008). Apresentação. In G. Agamben, *O que resta de Auschwitz* (p. 11). São Paulo: Boitempo.

e de corpo anatômico, de corpo vivo e de corpo morto. Numa leitura singular, à contrapelo de Freud, pergunta-se: não teria Freud esquecido o nome de Signorelli menos pelas razões que ele aponta e mais por ser este o primeiro a usar cadáveres para pintar o corpo em sua produção artística – ou seja, a transformação sublimada, erotizada, do corpo morto em arte? Não será um modo de entender por que Freud lança mão da necrofilia – um recurso tão radical – para implodir definitivamente a ligação entre instinto sexual e objeto, traçando a figura da sexualidade perverso-polimorfa, ao criar o conceito de pulsão sexual? E o que dizer das histéricas, que criam uma nova anatomia em seu corpo erógeno, obras de arte singulares: a garganta de Irma, a tosse de Dora, o claudicar de Elizabeth. Márcio rastreia, na obra de Freud e nas representações artísticas do corpo ao longo da história, a dialética do corpo que entranha seu erotismo e sua própria morte.

Na esteira da reanálise do esquecimento do nome de Signorelli, aparece o Márcio que está sempre a interpelar Freud, cujo resultado mais interessante é um singular *aggiornamento* de sua obra. Um dos exemplos mais contundentes é a sua releitura do caso Dora, uma vez que liga ambos os mundos: o nosso e o de Dora, a cidade e a história.

Assim, os sonhos da mocinha vitoriana – aquela que sonha que sua a casa está em chamas, aquela que sonha ser uma estranha que vaga a esmo por uma cidade desconhecida – para Márcio revelam uma rota de colisão com seu mundo, uma estrangeira num mundo em transformação, mais que um sujeito edipiano clássico. Num salto criativo, os sonhos são equiparados ao atentado de 11 de setembro de 2001: as chamas do sonho de Dora e as chamas do World Trade Center revelam mundos em transição, não mais a casa familiar e sim a cidade desconhecida. Chamas que revelam que as pontes entre os séculos ruíram junto com as torres, ruíram junto com a Primeira Guerra. Transitamos angustiados por nossas cidades que não mais reconhecemos. A alienação é nossa morada.

Por fim, a partir da consciência de nossa precariedade enquanto viventes, Márcio interpela o movimento psicanalítico. A percepção da mortalidade não teria sido denegada pelas nossas instituições na medida em que a pulsão de morte será encarnada sobretudo como destrutividade? Não seria a petrificação da formação uma defesa dessa percepção? O apego melancólico às seitas psicanalíticas não seria uma tentativa de eternização, de evitar nossa ferida narcísica? O medo de defrontar-se com as novas questões subjetivas não estariam provocando um enrijecimento das regras dos institutos de formação? São questões pungentes, que ainda pulsam, malgrado todos os desenvolvimentos posteriores.

Márcio nos interroga de frente neste livro, em saltos criativos do pensamento e da escrita, que arrastam junto o leitor. Nesse sentido, fez-me lembrar de um estranho poema em prosa, de Kafka, intérprete maior de nossa alienação, intitulado "Desista!".

O protagonista – como Dora, como nós – vaga numa cidade pouco conhecida, ainda deserta, pela manhãzinha. Ao mirar o relógio da torre, constata que o seu está atrasado – o tempo da cidade não é o seu – e, atordoado, fica inseguro do caminho. Depara-se com um guarda e, aliviado por encontrar uma autoridade, corre em direção a ele e pergunta, sem fôlego, pelo caminho.

Ao que o guarda responde:

"De mim que você quer saber o caminho? Desista, desista!".

Não adianta se dirigir ao trabalho de Márcio como o protagonista de Kafka. Seu recado está muito claro em cada um dos seus trabalhos e ao longo de sua trajetória: desista, caro leitor, de perguntar qual é o caminho. Defronte-se você com a instabilidade e transitoriedade de seu destino, pois só assim poderá construir um lugar em que se possa hospedar analiticamente e que não seja uma mera imitação melancólica de torres que já ruíram há tempos.

Cecilia M. de B. Orsini
Psicanalista, membro efetivo da Sociedade Brasileira de Psicanálise de São Paulo (SPBSP)

Sumário

Sobre a função testemunho em psicanálise — 17

Esboço para uma cena primária e para uma cena analítica no início do século XXI — 25

Da transição do nome próprio à fala outra: revisitando a psicopatologia da vida cotidiana — 35

Instinto: da teoria da autoconservação à teoria da mortalidade — 45

O término do processo psicanalítico: rimas e rumos — 57

Considerações sobre a escrita psicanalítica — 71

Uma questão hamletiana — 79

O divã e a Medusa: breves considerações sobre a natureza das fronteiras na instituição psicanalítica — 95

Sobre a natureza e a função do currículo na formação analítica — 105

O que é um psicanalista? — 113

Hospitalidade na clínica psicanalítica hoje 127

Sobre migrações e transferências 143

Sobre a narrativa freudiana 161

Índice onomástico 176

Sobre a função testemunho em psicanálise[1]

Segundo G. Agamben, a palavra *testemunho* condensa dois significados que em latim estavam separados: o que deriva da palavra *testis* – aquele que se coloca como um terceiro diante de um processo ou um litígio – e o que deriva da palavra *superstes* – aquele que atravessou e viveu uma experiência até o final e pode, portanto, dar testemunho disso. Mais de quarenta anos vividos na experiência de atender pessoas em meu consultório psicanalítico permitem-me dar um testemunho, ainda que precário, daquela experiência que Freud arrolou entre as "impossibilidades" humanas. Assim, este trabalho, mais clínico que teórico, tem como objetivo mostrar como fui me aproximando à ideia daquilo que chamo de *função testemunho* do analista, que adiciono à originária função interpretativa e à já clássica função continente e/ou de *holding*, conforme teorizadas por Bion e Winnicott. Para aquém da função interpretativa e para além da função continente, ela se apresenta sempre nesse lugar intersticial, no lugar de fronteiras e também de sustentação entre aquelas duas. Menos como um *testis*, mais como um *superstes*,

---

1 Texto inédito escrito em 2013.

o analista vai tentar dar voz e palavra àquilo que não se encontra na área do recalcado, tampouco na área da falência, da ruptura do tecido psíquico, mas mais propriamente na área do "não ter sido possível de ser legitimado enquanto experiência vivida".

No início dos anos 1990, já analista didata em minha Sociedade, fui procurado por uma mulher – mais de vinte anos mais velha que eu – para iniciar sua análise didática. Seu forte sotaque, bem como sua postura e gestualidade, estavam em total sintonia com seu nome, de origem alemã. Profissional de sucesso e bem situada na área da saúde mental, instigou-me o fato de querer iniciar a longa e dispendiosa formação em nossa Sociedade àquela altura da vida, até porque já havia feito uma muito boa formação psicanalítica em outra séria instituição de São Paulo. Já tinha também muitos anos de análise pessoal. Mas não se sentia uma verdadeira psicanalista, dizia ela, achando que seu trabalho estava ainda muito sombreado por sua formação original, a de fisioterapeuta. Acreditava que a Sociedade Brasileira de Psicanálise de São Paulo (SBPSP) poderia lhe legitimar, de alguma forma, no lugar de psicanalista. Iniciados nossos trabalhos, ela me contou que, quando veio da Alemanha para a América do Sul, aos 17 anos de idade, fora recebida pela dra. Adelheid Koch, analista alemã enviada ao Brasil pela International Psychoanalytical Association (IPA) para fundar a nossa Sociedade. "*Ela era amiga de minha família em Berlim, antes de se mudar para o Brasil.*" Conversamos a respeito de um óbvio desejo de se ressituar num ambiente familiar, a SBPSP como representante da família de origem. Por outro lado, como desconsiderar esse *gap* de cinquenta anos?, perguntei.

> *É que não fiquei no Brasil naquela época, apenas passei por aqui, tendo ido viver num outro país sul-americano, onde comecei a trabalhar, estudar e onde também me casei com outro emigrante alemão. Mudei-me*

para o Brasil apenas vinte anos depois, e a dra. Koch já estava praticamente aposentada.

Percebi que não se estendia muito a respeito daqueles tempos; suas associações giravam mais em torno de sua vida atual, de seu trabalho, da perda do marido há alguns anos e de dores no corpo. Somente após alguns meses de análise é que veio a revelação: ela havia deixado a Alemanha no último barco que partira da Itália por ser de família judaica. "*Mas eu nunca fui judia. Em minha casa, tinha Natal, nunca houve festas judaicas, e só fiquei sabendo disso quando tive que sair da escola que frequentava. Dois anos depois, fui mandada para cá. Ninguém mais de minha família sobreviveu.*" Perguntei-lhe então sobre seu nome, tão alemão. "*É o sobrenome de meu marido, que uso desde que me casei.*" Não usava o nome de sua família, não se sentia judia. Odiava o passaporte que lhe fora dado então, na saída da Alemanha, no qual, como a todas as mulheres judias, fora-lhe acrescentado o prenome Sarah. E ela nunca se sentira Sarah. Posso dizer que esse foi o tema central de sua análise, que durou seis anos. No final, ela estava começando a escrever suas memórias. Nunca as publicou. Sentindo-se legitimada como psicanalista, "pertencendo" agora à Sociedade, a sobrevivente morreu poucos anos depois.

Ela não havia contado quase nada dessa história em sua análise anterior, fato que me surpreendeu de início, mas que, por outro lado, me fez sentir como a primeira testemunha de uma experiência que só agora, para além das dores no corpo e pela impossibilidade de sentir-se pertencendo a algum lugar, era passível de ser legitimada. O impacto que vivi ao longo do processo de sua análise foi imenso. Também precisei de muitos anos – quase dez – para começar a poder teorizar um pouco a esse respeito, o que começou a ocorrer quando, há pouco mais de cinco anos, dois fatos praticamente sincrônicos me levaram a revisitar a experiência que tivera com aquela mulher expatriada e de nomes adicionados e também escondidos: a leitura de *Homo sacer* e *O que resta de Auschwitz*, de Agamben, que, partindo de Primo Levi, trabalha de forma aguda e precisa a problemática do testemunho, do qual o *musulman*, aquele que sobreviveu – mas apenas enquanto vida nua – ao campo de concentração, é o paradigma; e a experiência com um jovem paciente que, trabalhando e vivendo fora do Brasil, levou-me a experimentar uma nova forma de atendimento: conversávamos por Skype. É claro que, nesses dez anos, experiências com outros analisandos, a chegada da internet e a perplexidade com que todos nós vivemos os acontecimentos do 11 de setembro de 2001 também tiveram um papel mais do que significativo nessas minhas considerações.

"*Eu tenho duas certidões de nascimento: a primeira, só com o nome de minha mãe; a segunda, quando meu pai me reconheceu*", disse-me aquele jovem de 25 anos em nosso primeiro encontro. Esse encontro havia sido pedido por sua mãe e se dava fora de meu horário de trabalho, pois ela havia me ligado no final de uma sexta-feira pedindo insistentemente que eu atendesse com urgência seu filho, que ficaria apenas mais dois dias em São Paulo, voltando a seu trabalho, na África, na segunda-feira.

> *Quando eu tinha 5 anos de idade, minha mãe passou a viver com outra mulher, que foi de algum modo um pai para mim. . . . Com meu pai mesmo, tive contatos esporádicos até meus 17 anos, quando fui passar uns meses com ele em sua casa nos Estados Unidos. . . . Há dois anos, quando me formei na universidade, fui passar um ano sabático, pegando ondas, na África do Sul. Pouco antes de voltar, recebi uma proposta irrecusável*

> de trabalho, numa multinacional. Desde então, sou um dos responsáveis pelas vendas em cinco países da África, o que faz com que esteja sempre me deslocando de um lugar a outro.

Ele não me parecia nem um pouco deprimido, ou à beira de um suicídio, conforme me dissera sua mãe. Tampouco queria ser medicado, apenas buscava urgentemente um interlocutor. No final de nosso encontro, disse-lhe que poderia indicar um colega na África do Sul, ao que ele reagiu firmemente: "*Não, eu falei que estou sempre me locomovendo e, além do mais, gostei de você. Por que não falamos por Skype?*". Titubeei, mas aceitei que poderíamos conversar mais algumas vezes. Quando, depois de umas quatro ou cinco sessões, levantei a possibilidade de encerrarmos as conversas, ele me disse: "*Não saia daí!*". Percebi que, com sua fala, ele me dizia que agora havia um lugar fixo, do qual eu era o representante. Ou também um lugar que propiciava a emergência de um ponto de vista, uma ancoragem de onde pudesse ter tantos movimentos e deslocamentos no tempo e no espaço. Durante mais de três anos, nos encontrávamos uma ou duas vezes por semana, eu em meu consultório, ele cada vez em um lugar, hotéis em geral. Lugares – ou não lugares, conforme teorizou Marc Augé – foram a temática principal de nossas conversas durante algum tempo. Mais do que interpretações no sentido clássico do termo, minhas intervenções buscavam que ele discriminasse uma cidade da outra, um hotel do outro, hotéis de casas. Num determinado momento, ele me disse: "*Nossa, será que é por isso, para tentar tomar posse, que eu guardo, coleciono todas as chaves dos hotéis e todos os meus* boarding passes?". Num outro, após me contar que, na véspera, havia perdido a hora e tivera que ir ao aeroporto de pijama, trocando-se no banheiro, eu lhe disse que um filósofo atual escreveu que os aeroportos são o paradigma dos "não lugares". Ao que ele exclamou:

"Nossa, será por isso que sempre fico deprimido quando passo pela alfândega? Como faço isso muitas vezes, eu acabo reconhecendo um funcionário e o cumprimento com alegria. Mas ele nem responde, na verdade nem se dá conta de que me viu".

O olhar que reconhece, por um lado, e o olhar burocrático daquele que está apenas cumprindo uma tarefa, por outro. Por aí, fui me deparando com aquilo que chamo agora de "função testemunho do analista". De alguma forma, tem a ver com o reconhecimento daquela pessoa como única, de sua singularidade, de seu nome próprio e de sua humanidade, por assim dizer. De sua existência única. Nem toda mulher judia é Sarah, como queria a mais radical das burocracias, a nazista. Nem todo aquele que passa por uma alfândega é apenas um corpo a ser revistado, como faz a mais banal das burocracias atuais, a dos aeroportos. Não basta para isso que a foto do passaporte ou as digitais nele marcadas confirmem a identidade de cada um. Essa é a questão essencial para a qual me apontavam tanto esse jovem dos tempos internéticos quanto aquela idosa senhora dos tempos de Auschwitz.

O analista propicia, com sua escuta e sua fala, um lugar histórico, um lugar de fato, onde se legitima a experiência vivida. Portanto, não se trata apenas de uma resposta interpretativa, como a que emerge da tópica freudiana, nem uma reconstrução, como emerge da sua teoria estrutural, como em "Construções em análise". O lugar que emerge daquilo que chamo *função testemunho* é mais próximo daquilo que Walter Benjamin chama de tempo do acontecimento mesmo, o tempo do "Kairós". Aquilo que é sempre contemporâneo e, por isso mesmo, difícil de ser apreendido. Não se trata, portanto, de descobrir o latente, nem de reconstruir o tecido psíquico rompido, mas de reconhecer, em um novo registro, as marcas de acontecimentos ou de seus vestígios. *Legitimando a palavra do analisando, o encontro analítico vem a tornar possível que a voz do analisando ressoe em uma amplitude maior de significados afetivos, dando lugar e tempo para aquilo que "resta": a sobra existente em toda palavra e toda narrativa humana. Assim, o analista não é apenas um intérprete-continente, mas um "porta-palavra", de forma análoga à que Primo Levi foi para o musulman – "aquele que olhou a Górgona de frente" – e, por isso, a verdadeira testemunha.*

Era para esse tipo de "reconhecimento" que apontava a busca de minha analisanda na Sociedade originada pela Dra. Koch. Era para esse tipo de "reconhecimento" que apontava a busca de meu jovem paciente ao falar-me de duas certidões de nascimento. Qual delas é a legítima? Esse reconhecimento só pode se dar na travessia das fronteiras, nesse lugar intersticial que não é nem o do manifesto, nem o latente, nem o da dissolução do tecido psíquico pelo trauma, embora necessite, de algum modo, também desses dois para se efetivar. E são justamente os deslizamentos metonímicos que vão ocorrendo ao longo desse processo que vão produzir novas metáforas. Minha analisanda judia-alemã contou-me alegre e orgulhosamente que sua filha, artista, havia feito uma exposição na qual os objetos expostos eram enormes peças – "restos" de tecidos, todos diferentes, unidos em *patchwork*, como que formando grandes e originais bandeiras. Magnífica alegoria da legitimação de uma identidade. É sempre a nova geração que, revisitando os conceitos clássicos, apreende, de forma nova, os seus *"restos"*, aquilo que eles traziam em potencialidade e não podia ainda ser lido.

Ao convocar-me a atendê-lo por Skype, meu jovem paciente levou-me a ver que o lugar do analista e aquilo que torna a análise possível não é o seu consultório, nem seu divã, nem mesmo a corporeidade física de um e de outro, nem todo o acervo de conhecimento teórico do analista. É, sim, a possibilidade de deslocar-se do lugar previamente definido e confortável de nosso acervo teórico para poder fazer testemunho do acontecimento que é aquele encontro, a *talking cure*, não como um terceiro, mas como um participante que é capaz do olhar e da escuta que reconhece e legitima cada experiência humana. Não deixa de ser surpreendente o fato de vermos, com muita frequência, análises bem-sucedidas praticadas por colegas ainda inexperientes, ainda em formação, e análises muito malsucedidas praticadas por grandes mestres. Assim, não são apenas os conceitos que emergem no famoso capítulo VII de *A interpretação dos sonhos* aquilo que origina a psicanálise. É essencial a escuta viva do apelo do filho ao pai com o qual Freud o inicia: "Pai, você não vê que eu estou queimando?". Esse apelo ao despertar feito no tempo do presente contínuo é a fala que *resta* daquilo que está aparentemente morto – a teoria reificada e fetichizada – apontando para o lugar fronteiriço: nem o sono, nem a vigília, mas o ser capaz de flutuar entre um e outro, no lugar e no tempo mesmos do sonho, não de sua interpretação. Dessa forma, não se torna consciente o inconsciente, mas legitima-se a expansão das cadeias associativas, favorecendo que, de onde era *isto* – o *resto* –, advenha um tanto mais de EU.

Referência

Agamben, G. (2008). *O que resta de Auschwitz*. São Paulo: Boitempo.

Esboço para uma cena primária e para uma cena analítica no início do século XXI[1]

O foco de minha fala estará colocado na contemporaneidade, ou melhor, na clínica contemporânea, uma clínica que coloca em questão o "confortável" lugar em que o psicanalista se situava ao longo do século XX em contraposição tanto ao início da clínica freudiana quanto ao início deste novo século. Dessa perspectiva, o próprio conceito de material clínico necessita ser revisto, pois nunca foi tão evidente quanto agora, neste princípio de milênio, que o diálogo entre analista e analisando se dá dentro de um momento histórico e na especificidade de um contexto sociocultural. O "aqui e o agora" de uma sessão analítica retomam a dimensão freudiana originária, num mundo em que tanto o aqui quanto o agora implicam registros outros que não o das fronteiras, conforme nos mostrou Sonia Abadi (2003) em "Entre a fronteira e a rede, anotações para uma metapsicologia da liberdade". Os conceitos de nosso considerável acervo teórico construído ao longo do século serão utilizados mais como sinalizadores de um percurso feito que emoldura a perplexidade

---
[1] Artigo publicado originalmente na *Revista Latinoamericana de Psicopatologia Fundamental*, v. 6, 2004.

com que cada um de nós, psicanalistas deste início de milênio, se defronta hoje, seja em seu consultório, seja no mundo.

Uma breve vinheta clínica será tomada como mote: um jovem paciente, estudante de medicina, tem chegado invariavelmente atrasado às suas poucas sessões semanais de análise, muitas vezes me ligando de seu celular para avisar que está preso no trânsito ou no hospital, não sabendo se chegará a tempo de termos alguns minutos para conversar ou se seria possível remarcar a sessão para outro momento. Tem estado deprimido nos últimos tempos, em sua forma de dizer, sem vontade de sair de casa, sem vontade de praticar esportes, sem vontade de estudar ou de ler. "*Sinto-me desperdiçando tudo que tenho, até eu mesmo*", diz ele. A descrição que faz da humanidade e da vida é radical: a enfermaria de aids, a de queimados, a velhinha com um câncer avançado, os bebês desnutridos da emergência pediátrica. Como pano de fundo, as dificuldades financeiras repentinas de seu pai, profissional muito bem-sucedido que, de poucos anos para cá, vem passando por dificuldades econômicas. "*Felizmente, mudarei logo para a Obstetrícia e poderei respirar melhor*", diz ele. Nova decepção: o ar não melhora nem um pouco... As mulheres só têm filhos porque não conseguem abortar a tempo ou por medo de cometer um ato ilegal ou imperdoável do ponto de vista religioso. "*A única vantagem que vejo é que ficou claro que sou hétero mesmo... Depois de ver tantos condilomas vaginais e não mudar, é sinal de que ao menos isso está definido.*" E passa a descrever o parto normal que acabara de realizar, no qual tivera "*dificuldade em discriminar entre a cabeça da criança e o condiloma da mãe*".

Não tomarei o material clínico para discutir a problemática específica desse meu jovem paciente, mas sim como material modelar para levantar questões significativas para o psicanalista de hoje: qual é o sujeito, ou qual é a subjetividade de nossos novos pacientes, aqueles nascidos pós-revolução cibernética, para os quais, conforme escreveu Baudrillard (2003),

> os acontecimentos desfilam como num travelling, o tempo de reflexão sofre um curto-circuito e a tela quebrou a distância entre o acontecimento, a imagem e a percepção... [onde] a proliferação de imagens é tamanha que já ultrapassamos um limiar crítico que impede uma decodificação real.

Um *spam* imagético, semelhante à invasão cotidiana de todos os nossos computadores pelos inúmeros "sites sexuais" que anunciam gozo acessível a qualquer hora do dia, da forma que melhor nos aprouver: com a filha, com a mãe, com as tias, com o pai e com a mãe, com qualquer animal, com aditivos ou sem, aparelhados ou não com objetos que funcionariam como verdadeiros "insumos" da obtenção do maior prazer... Como discriminar a cabeça de hoje do condiloma da qual ela emerge? E, portanto, como estabelecer um processo analítico quando o *tempo* se torna *tão exíguo* e a *permanência*, um conceito absolutamente alheio à velocidade das transformações do mundo? Ou como pensar em digestão mental se as representações do mundo são de natureza tão violenta e desesperançada que se aproximam muito mais de uma experiência traumática que de alimento para o psiquismo? Ou, dizendo de outra forma, se os restos diurnos possuem tal contundência que dificultam enormemente o adormecer, o sonhar e, portanto, as associações livres na sala de análise? Quem de nós não se lembra de como foi invadido pelo 11 de setembro de 2001, veiculado por um de nossos pacientes que chegou atônito e perplexo para sua sessão?

Como estabelecer um processo em que a experiência emocional prevalente é a traumática? No *après-coup*, respondeu-nos

Freud no início do século passado; no "só-depois", como nos sonhos repetitivos daquelas pessoas que passaram por experiências traumáticas, como na guerra. Mas o que fazer quando o depois também é uma nova experiência traumática? Quando ele também é um agora que atinge de forma desestabilizadora a subjetividade já traumatizada? Quando a guerra acontece a qualquer hora e em qualquer lugar, quando não há mais campos de batalha delimitados e o terror e os governos redimensionam o próprio conceito de guerra? Para Paul Virilio (2004),

> com as telecomunicações, a internet, a instantaneidade, o tempo é mundial. Não vivemos mais o tempo local, dos calendários, das efemérides, mas o tempo mundial, astronômico, da compressão temporal. Vivemos live. A caixa de ressonância desses acontecimentos é a concentração urbana.

Por isso, quanto "mais o progresso técnico se desenvolveu, mais a catástrofe se tornou desmesurada", colocando, "pela ubiquidade, pelo imediatismo e pela instantaneidade, todas as cidades no centro do mundo", o que possibilitou que a guerra de hoje se faça através da "metropolítica" do terror, o "Pânico Frio substituindo a Guerra Fria": "a cada momento um sentimento vem despertar o pânico do fim nas populações".

Os desenvolvimentos da psicanálise emergiram no contexto de um século, o XX, que se caracterizou pelas mudanças de fronteiras geográficas numa velocidade bastante significativa: o mapa-múndi do início do século XX era constituído basicamente pelos impérios britânico, francês, alemão, austro-húngaro e russo, por um lado, e, por outro, pelos impérios orientais – o otomano, o chinês e o japonês. A América era uma grande colônia.

Menos de vinte anos depois, pós-Primeira Grande Guerra, essas fronteiras se transformavam basicamente com a ampliação das fronteiras geográficas quando, nos anos 1940, nova alteração se fez no mapa, com a expansão do império russo e a emergência do império norte-americano. O movimento psicanalítico também expandia suas fronteiras: não apenas o seu centro irradiador se mudara de Viena, como havia se dividido então em três grandes centros produtores e exportadores de conhecimento: o inglês, o francês e o americano. Conquistara também, de forma colonizadora, a América Latina, mas não penetrara nem no império russo, nem nos impérios orientais. De todo modo, uma grande modificação era feita dentro de si mesmo: o processo psicanalítico, que, de início, durava alguns meses, passava a durar vários anos, contrariando de modo espetacular um dos maiores paradigmas do século XX, o aumento da velocidade. Quanto menos duravam as coisas, mais duravam as psicanálises... (Também a média de vida humana aumentava, embora em uma proporção significativamente menor que as análises.)

De forma significativa, o impacto da presença ocidental no Oriente se dá com a primeira bomba atômica; e também com a exploração dos poços de petróleo. Começava a nova ordem mundial, junto com a invasão de cada espaço privado pela mídia: a televisão levava a cada espaço de intimidade um sem-número de imagens com um potencial transformador insuspeitado, no mesmo momento em que o homem conquistava a lua e fazia a revolução sexual. A genética e a sexualidade eram, naquele momento, a própria revolução que alterava as fronteiras: uma decorria dos desenvolvimentos biocientíficos; a outra, da des-repressão, ou do levantamento da censura da qual a psicanálise havia sido a ponta de lança. "Oriente" e "ocidente" deixavam de ser partes distintas da geografia e passavam a coabitar no mesmo lugar: Berlim era dividida em uma parte chamada de ocidental e outra, oriental.

O espaço também se atomizara. E as psicanálises se ocupavam também dos processos de atomização da subjetividade. Neurose e psicose conviviam na mesma personalidade e emergiam, do ponto de vista conceitual, as personalidades *borderlines*, fronteiriças, lisérgicas, por assim dizer, criadas artificialmente pelas drogas sintetizadas em laboratórios – *e pelas supressões bruscas das fronteiras geográficas e naturais.*

Se a psicanálise emerge com a teoria dos sonhos nos finais do século XIX, e se a teoria dos sonhos é a base estrutural de seu arcabouço teórico, é mister repensá-la num momento em que a mais natural das fronteiras, aquela que separa o dia da noite, já não mais existe para uma geração que, ao simples toque de um *mouse*, define o horário e o local em que está. O espaço cibernético modifica também a experiência temporal; o conceito de permanência e durabilidade se desfaz. A separação entre lugar privado e público, referência estruturante de todo um século, é implodida pela globalização, ou pela planetarização, e, com isso, implode-se também o conceito de subjetividade.

Não é de causar surpresa, portanto, que o paciente que nos procura hoje apresente um sério distúrbio do seu mecanismo de trocas: não é isso que nos mostram os anoréticos, bulímicos, e os afetados por uma síndrome de despersonalização cada vez mais e mais frequente, para quem não faz o mínimo sentido se falar em tratamento que tem duração de alguns anos, com vários encontros semanais? Como estabelecer um contrato psicanalítico clássico com uma pessoa para quem nem o sentido de fronteiras nem o de permanência existem? Como definir um processo psicanalítico de uma pessoa que nasceu de uma fertilização assistida, foi alimentada por uma mãe fascinada pelo noticiário ou pela novela da televisão, recebendo, portanto, colheradas de uma saudável sopa rica em vitaminas, proteínas e aminoácidos, enriquecidos com quantidades imensuráveis de imagens midiáticas de um mundo perplexo e criador de perplexidades? Têm-se a terceira dimensão da guerra, segundo Virilio (2004): já que "a informação se tornou um elemento determinante do real, que produz e fabrica o real", "estamos diante da possibilidade de uma guerra ao real, cada indivíduo se perguntando o que é ou não real". Portanto, a informação "spamizada" se transforma numa arma de guerra que funda de modo traumático a nova subjetividade.

Se a *Psicopatologia da vida cotidiana* (Freud, 1976), publicada no início do século passado, começava com um capítulo dedicado à problemática do nome próprio, seu segundo capítulo colocava em questão a problemática da palavra estrangeira, *aliquis*, que remetia a um mundo em transformação. Felizmente, para nós, analistas, os "*aliens*" não vieram de outros planetas: o nosso mesmo se encarregou de criá-los. Seremos capazes de conversar com eles? – é esse o nosso desafio. E, para fazermos frente a ele, necessitamos de um *aggiornamento*, uma atualização, tanto de nossa teoria quanto de nossa técnica.

Um *aggiornamento* cujo modelo é aquele do Freud ainda não psicanalista – aquele que abandonou a neurologia e se dispôs a escutar uma fala nova, criando um lugar próprio. O psicanalista de hoje, para escutar a fala de seu novo paciente, necessita "recriar" o seu próprio lugar. O que não significa jogar fora todo seu acervo teórico, mas tampouco significa tentar "compreender" seu novo paciente apenas com ele. Significa repensar o conceito de trauma – que não é mais sexual, mas informacional. Significa repensar a questão edípica a partir da inexistência de fronteiras, apagadas que foram ao longo do século passado: não depende o Édipo de uma estruturação específica de lugares? Desde a encruzilhada tebana, na tragédia grega, até a teoria freudiana das fantasias originárias, o Édipo vem sempre associado a um lugar e a um tempo (genealogias) específicos. Significa, portanto, repensar a teoria dos sonhos e a teoria da sexualidade, bases estruturantes de nosso ofício, a partir da apreensão de que a mais natural das fronteiras, a que separa o dia da noite, já não mais existe para aquele que está navegando pelo espaço cibernético, da mesma forma que não mais existe aquela fronteira que separa a intimidade da publicidade.

"Separar a cabeça do condiloma", conforme articulou de forma tão expressiva meu jovem paciente, é a tarefa de cada novo par analista-analisando, que implica na re-construção de um outro lugar para o analista, um "não lugar" – para utilizar a expressão de Marc Augé (1994) – que torne possível a construção e a discriminação do sonho de cada um daquele outro que já vem dado para todos nós, seja pela profusão de imagens que nos invade, seja pela quase impossibilidade de estabelecermos uma "barreira de contato" (Bion, 1962/1991), sonambúlicos que estamos todos em decorrência da vertigem de nosso tempo. Afinal, ninguém consegue se deitar em um divã quando os restos diurnos não são apenas restos, mas sim o real ainda não assimilável: um condiloma, fetiche de uma cena primária difícil (ainda?) de ser representada. Denis Arcand (2003), cineasta canadense, nos dá alguma pista a esse respeito em seu magnífico filme *As invasões bárbaras*: lá, ele colocou a câmara numa distância suficientemente próxima da cena humana para retratá-la em toda sua crueza, mas suficientemente longe para não a devassar, não a violentar. Ao retratar, simultaneamente, a agonia de uma geração e o nascimento de uma outra, ele dá uma lição de humanismo neste início de milênio. Essencial para todos nós que tentamos – ainda – trabalhar com a alma humana.

Referências

Abadi, S. (2003). Entre a fronteira e a rede, anotações para uma metapsicologia da liberdade. *Rev. Bras. Psicanál*, *37*(1), 159-174.

Arcand, D. (Diretor), Louis, D., & Robert, D. (Produtores). (2003). *Les Invasions Barbares*. Canadá.

Augé, M. (1994). *Não lugares: introdução a uma antropologia da supermodernidade*. Campinas: Papirus.

Baudrillard, J. (2003, 02 de novembro). Os limites do fotojornalismo. *Folha de S.Paulo*, Caderno Mais.

Bion, W. R. (1962/1991). *O aprender com a experiência*. Rio de Janeiro: Imago.

Freud, S. (1901/1976). *Sobre a psicopatologia da vida cotidiana* (Edição Standard Brasileira, Vol. 6). Rio de Janeiro: Imago.

Virilio, P. (2004, 4 de abril). Pânico Frio substitui Guerra Fria. *Folha de S.Paulo*, p. A24.

Da transição do nome próprio à fala outra: revisitando a psicopatologia da vida cotidiana[1]

Em 1900, logo após a publicação de *A interpretação dos sonhos*, marco originário do pensamento e da práxis psicanalíticos, Freud escreve *Psicopatologia da vida cotidiana*, trabalho fundamental para a apreensão da ruptura promovida por seu pensamento no que diz respeito àquilo que seria considerado normalidade ou patologia psíquica. No próprio título do trabalho, a justaposição dos termos "psicopatologia" e "vida cotidiana" promove um impacto dada a natureza ambígua que seu significado propicia. Se a psicopatologia de então ocasionava uma cadeia associativa que nos situava num espaço e num tempo bastante separados do dia a dia, aqueles dos hospícios, da interdição, portanto, a vida cotidiana ocasionava uma cadeia associativa exatamente oposta a essa: o cotidiano do homem era norteado pela razão iluminista e positivista, justificando-se assim seu lugar no topo da escala zoológica. Ao borrar os contornos até então muito definidos entre o normal e o patológico, situando a psicopatologia no cotidiano e enfatizando o

---

[1] Artigo originalmente publicado na revista *Psicanálise e Universidade*, v. 16, 2002.

cotidiano da patologia, Freud denuncia a desrazão do cotidiano, seja ele privado ou público, pessoal ou sociocultural, e cria, por assim dizer, um espaço de transicionalidade entre a doença e a saúde. Nem racional nem louco, esse espaço se caracteriza pela ampliação da perspectiva a respeito do animal humano e de seu habitat: o lugar do homem não se restringe à dicotomia entre um mundo real e um mundo irreal, ou um mundo de luz e outro de trevas, mas se apresenta mais próximo daquele das construções e da geografia oníricas. Da mesma forma que o dia e a noite estarão contaminados pelos restos de um e de outro, cada indivíduo estará contaminado pelo seu grupo de origem, seu romance familiar, e cada romance familiar estará contextualizado pelo agrupamento maior, a espécie humana, ou dentro daquilo que o romance humano de muitas gerações deixou como precipitado: a cultura.

Daí, e não por mero acaso ou por escolha arbitrária do autor, o livro que começa a questionar a existência da normalidade no cotidiano humano se abrir com o capítulo intitulado: "O esquecimento de nomes próprios", ou do próprio nome, diria eu.

Como pano de fundo desse quadro ou dessa nova ordem, temos uma tranquila viagem de trem pela Bósnia-Herzegovina, uma informal conversa com um passageiro recém-conhecido, na qual se fala de hábitos e costumes de povos estranhos, com uma cultura diferente da europeia. De repente, a conversa desemboca, e não por acaso, no célebre afresco do Juízo Final pintado na cúpula da capela principal da catedral de Orvieto por Luca Signorelli, o primeiro pintor a realizar estudos de anatomia em cadáveres para melhor poder retratar o corpo humano, no início do século XV, transgredindo, com isso, todo o cânone religioso de então. É justamente esse nome, Signorelli, que deve ser resgatado do esquecimento por Freud, pois ele condensa os vários significados, falados ou calados, que emergem dessa conversa aparentemente inocente com um desconhecido: fronteiras, culturas outras, hábitos orientais e ocidentais, visões de mundo diferentes, o Renascimento e o Juízo Final, e, como que a alinhavar todas elas, os estudos transgressores sobre a anatomia humana realizados por um homem.

Botticelli, Boltraffio, Trafoi, Herr, Signore, Elli, são os nomes que, utilizadas como num jogo de palavras cruzadas ou de adivinhação, tornaram possível o resgate de uma outra, Signorelli, nomeadora ela mesma da existência de falas e gestos outros, para além de uma simples falha ou decaimento do funcionamento do aparelho mental, como eram considerados os lapsos pela ciência até então. Ora, não foi justamente essa fundamental capacidade de Freud de "brincar" com a escuta e com os dizeres próprios e alheios que tornou possível a criação da psicanálise? Não são os chistes, os atos falhos e os sonhos – a via régia para o Inconsciente – justamente a prova maior daquilo que, anos depois, Winnicott veio a conceituar como o "espaço do jogo", fundamental para a desenvolvimento do psiquismo? Não era a capacidade de Freud de acolher a polifonia de cada voz e a polissemia de cada palavra uma espécie de *holding avant la lettre*, e que, só por esse *holding* particular, foi possível a emergência de um, por assim dizer, novo psiquismo? Não foram os próprios sonhos de Freud um objeto transicional por excelência, conforme conceituado por Winnicott, que lhe tornou possível seguir seu percurso desbravador de territórios jamais percorridos antes?

À medida que ousara escutar a fala da histérica e, com isso, retratar a nova anatomia humana – a anatomia do corpo erógeno –, Freud era, ele mesmo, um novo Signorelli. Pois foi justamente a histérica, conforme disse Pierre Fédida numa conferência proferida em São Paulo, que, ao criar uma falsa anatomia, colocou em questão o conceito de "verdadeira anatomia". E a essa anatomia particular de cada um é que Freud dedicou sua atenção: o pescoço de Emmy, a garganta de Irma, a laringe e os brônquios de Dora são todos eles órgãos com uma especificidade tão marcante que seria absurdo referir-se a eles apenas como um pescoço, uma garganta ou uma traqueia humanas. O corpo erógeno tem essa característica: ele é obra ímpar de seu próprio criador. E, por isso, precisa ser nomeado, para que sua especificidade se mantenha. Daí a importância do nome próprio enfatizada por Freud, como que ressaltando que só ele pode preencher as lacunas inerentes à identidade de cada um de nós, seres humanos.

Essa era a situação da psicopatologia nas origens da psicanálise: havia um nome a ser resgatado ou um nome a ser preservado. O corpo erógeno de cada sujeito estando imerso no que Freud denominou de "romance familiar". Daí o trabalho do analista se dirigir basicamente para tudo aquilo que estivesse latente, escondido por detrás daquele nome: a repressão aí era o mecanismo a ser trabalhado, pois era ela a maior responsável pela cena do mundo interno de cada um, uma cena às escuras, propriedade privada e de acesso interdito ao outro, ao estranho. O desejo escondido, as paixões proibidas, as informações coartadas, a palavra calada... esses eram os elementos constituintes da cena clínica de então e, claro, da cena social: não fosse a necessidade de se preservar o nome da família e os valores culturais e morais, não haveria necessidade dos olhares furtivos, das janelas semicerradas, dos beijos roubados, das casas de tolerância, dos filhos ilegítimos, enfim, de tudo aquilo que a literatura veio a chamar de segredos de alcova... O corpo adoecia de seus amores, dos amores que não podiam dizer seu nome – como escreveu Oscar Wilde, um dos grandes cronistas da sociedade vitoriana – sendo o consultório do analista o lugar em que esses amores deveriam ser nomeados. E, por isso, a regra do tudo dizer imposta ao analisando; a regra da abstinência imposta ao analista, já que a transferência erótica ou o amor de transferência desempenhava aí um papel fundamental.

Poucos anos depois, a mesma região, a Bósnia-Herzegovina, vem novamente à cena, não mais como palco de uma tranquila e estimulante viagem de férias como a que descrevera Freud no primeiro capítulo de sua *Psicopatologia da vida cotidiana*, mas sim como cena assassina, deflagradora daquilo que veio a receber o nome de Primeira Guerra Mundial: em Sarajevo, um acontecimento pontual e local como o atentado ao grão-duque do Império Austro-Húngaro assumia proporções inusitadas, para além de suas fronteiras. O mundo teria que redefinir sua geografia. E o homem freudiano teria que preservar seu corpo antes de preservar seu nome. Em tempos de guerra, o corpo erógeno exibe sua outra face, a de lobo, de predador e de presa. Se a sexualidade infantil ocupara até então a cena psicanalítica, agora o corpo ferido de morte é que vem ocupar o primeiro plano: emerge aí o conceito de narcisismo como que a assinalar a fragilidade inerente ao animal humano, esse homem lobo. Ferido de morte, o pequeno animal humano necessita de um escudo amoroso, de um envoltório além de sua pele para que mantenha sua coesão, para que não se esvaia em sangue, para que se mantenha vivo, sem se perder no outro que, mais que um sedutor, assume as características de um violentador ou de um predador. Sexualidade, repressão e transferência cedem espaço para narcisismo, perda de fronteiras e processos de divisão, redefinindo a anatomia do corpo erógeno.

Como que reagindo às modificações da história – o mundo se modifica de forma surpreendente e explosiva –, o paciente de que tratam as novas teorias psicanalíticas, a partir dos anos 1920, é o homem dividido, cindido, explodido: surgem as teorias a respeito da parte psicótica da personalidade – a *Spaltung* do Ego e os trabalhos sobre os grupos humanos – que, alavancadas pelas ideias de Klein, por um lado, e, por outro, pelas teorias da psicanálise americana, a Ego Psychology, vêm denunciar que, não mais protegido pelo nome familiar, o frágil ego humano necessitava de cuidados semelhantes a uma sutura, fragmentado que se encontrava. Junto com isso, a própria morte do fundador, em 1939, vem favorecer os processos de divisão e fragmentação no seio mesmo da comunidade psicanalítica, implicando uma proliferação de teorias que são, a meu ver, muito mais mimetizadoras do contexto cultural e resseguradoras da identidade analítica dos componentes do grupo do que propriamente promotoras do diálogo dentro da comunidade. Os americanos desconhecem os franceses que desconhecem os ingleses que, por sua vez, lutam entre si. Nós, latino-americanos, representamos o papel de observadores e importadores de tão ilustre embate. Não está aí mesmo um ótimo exemplo de narcisismo e seus avatares? A luta pela sobrevivência e por territórios de influência parecia ser o mais significativo dentro da pequena comunidade psicanalítica, refletindo de alguma forma o que se passava no âmbito cultural maior. Não se redesenhara o mundo numa geografia dicotomizada? Se, até então, a oposição se dava entre Oriente e Ocidente, a partir da Segunda Grande Guerra, o mapa-múndi se reconstrói como que contaminado pelo *splitting* desse novo homem de que fala Bion, dividido entre seu narcisismo e seu socialismo e apresentando-se também por meio de uma *Spaltung* grupal: há uma sociedade do bem público ou comum *versus* uma sociedade do bem privado. Sintomaticamente, um muro é erigido separando os dois lados de uma mesma cidade, o Oriental e o Ocidental coexistindo num mesmo lugar, Berlim. Apenas com características outras das que até então costumavam significar as palavras oriente e ocidente.

Assim, o romance familiar cedia espaço para um "romance social", com o homem substituindo seu nome de família por uma identidade grupal: é o momento dos grandes movimentos em grupo, de caráter internacional, mas, fundamentalmente, de caráter geracional. A televisão começa a invadir a privacidade dos lares, trazendo uma quantidade de informações que desencadeia mudanças de hábitos e costumes cada vez mais rápidas, e também mudanças na própria representação de si mesmo e do mundo. A guerra agora é fria e a anatomia humana, redesenhada pelos movimentos de Presley – cognominado de *the Pelvis*, a pelve – é excessivamente quente. O *rock-and-roll* precede a revolução sexual dos anos 1960 e a chegada do homem à Lua – mais uma fronteira rompida – dá a palavra de ordem para Woodstock e para a instauração da busca de novos espaços. Além do psíquico, o psicodélico, que significa também uma reordenação dos valores culturais em que se mesclam Oriente e Ocidente. A velocidade das mudanças passa a ser a nota dominante num espaço agora infinito – ou quase. Simbolizando este novo espaço, a queda do muro vem demarcar uma nova geografia que precipita o homem para o novo século. Tempo e espaço significam virtualmeme a mesma coisa: velocidade. A intimidade, espaço privado de cada um ou de cada pequeno grupo, não é mais que memória de tempos outros: em apenas quarenta anos, nem o Salão Oval da Casa Branca consegue velar as fantasias e atos sexuais do corpo humano mais poderoso da face da Terra. E a regra do tudo dizer, antes restrita à privacidade de um consultório de analista, é imposta a esse homem que é obrigado, como num tribunal da Inquisição às avessas, a revelar detalhes e peculiaridades de sua anatomia, de forma que nenhum outro ser humano possa se mostrar ignorante a respeito da sexualidade adulta – uma gravata de seda italiana, um vestido comprovadamente manchado pelo DNA presidencial e alguns charutos umidificados por diversos tipos de secreções orgânicas delineiam a cena primária do novo milênio.

E a Bósnia-Herzegovina, marco simbólico de nosso percurso neste artigo, reaparece rebatizada agora como Servo-Croácia, como que a significar que, num mundo sem fronteiras, as lutas se reacendem em nome do narcisismo das pequenas diferenças – ou das diferenças culturais entre povos vizinhos e, ao mesmo tempo, estranhos.

O psicanalista se defronta, então, com seu novo paciente: a criança de 5 anos já *expert* em informações sobre sexo, dividindo a mãe com o seu novo marido e com a responsabilidade de escolher se mora na casa da mamãe ou na do papai; o adolescente de 9 ou 10 anos definindo-se em agrupamentos *grunge* ou *dark* para desespero de pais extremamente liberais; o adolescente de 28 ou 30 anos que, após um casamento desfeito e com uma indecisão profissional na bagagem, volta a morar com os pais; o adulto que quase sempre vem acompanhado do cônjuge para que o casal seja tratado; aqueles da nova geração, a terceira idade, reivindicando seu lugar no mundo, já que só agora sentem-se livres o suficiente dos valores de seus pais para poderem usufruir sua vida; e o paciente terminal, tendo sua vida prolongada pelos avanços da medicina. Todos apontando para o fato de que a medida do tempo do homem contemporâneo é outra: ele se alonga ou se estreita conforme o ponto de vista adotado...

Patologias de borda, de fronteiras ou narcísicas, teorizamos nós, analistas. Nem neurótico, nem psicótico, o paciente de hoje corre o risco de não ser escutado simplesmente porque o analista contemporâneo, como qualquer outra pessoa, vive uma crise de conceitos: ou ele se aferra de forma saudosista a velhos modelos ou se sente, de forma análoga a seus pacientes, correndo o risco de não ter sua identidade assegurada. Tanto em um como no outro caso, quem não pode ser escutado é o paciente, pois nada mais natural que, diante da inexistência de fronteiras, o indivíduo reaja buscando aquela que é a mais natural, a primeira delas, refugiando-se reativamente em seu narcisismo. Não por acaso, surge com força impressionante o culto ao corpo: o corpo humano necessita urgentemente ser fortalecido e "definido". Não se encontrava ele indefinido? Não apenas sexualmente, mas em risco de desintegração. E sua anatomia vem a ser novamente colocada em questão: não mais histérica, mas hipocondriacamente, cada órgão interno passa a ser objeto de atenção de um homem que não se reconhece por meio de um nome, mas fundamentalmente pelos nomes de suas afecções e de algumas *griffes* de renome. É o homem em pânico, aquele que não consegue sair às ruas nem ficar escondido dentro de casa, é o homem que sofre de sua própria humanidade desconhecida, por ele mesmo e pelo outro, que se representa de uma forma nova: como um ser extraterrestre ou humanoide. Onde havia uma face, há agora uma boca, um estômago ou uma vesícula biliar dotados de uma voraz vida própria. O passageiro desconhecido recebe agora o nome de *Alien*.

Cem anos depois do advento da psicanálise, chegamos ao segundo capítulo do texto *Psicopatologia da vida cotidiana*, intitulado por Freud de "O esquecimento de palavras estrangeiras". Lá, a palavra em questão, a palavra esquecida era *Aliquis*, que significa alguém, um outro, em latim, definido como aquele de uma nova geração, aquele que virá em um outro momento. Agora, este momento chegou, e, com ele, o novo paciente do analista. Teremos nós capacidade para acolhê-lo na intimidade de nossos consultórios e escutá-lo em seu idioma tão estrangeiro e estranho aos nossos já viciados ouvidos de psicanalistas mais acostumados a ouvir a nós mesmos que aos nossos pacientes? Não é demais lembrar que o célebre capítulo VII de *A interpretação dos sonhos*, aquele que funda toda a metapsicologia freudiana, se inicia com um doloroso despertar de um pai enlutado pela morte de seu filho que lhe grita no sonho: "Pai, você não vê que eu estou queimando?".

No último Congresso Internacional de Psicanálise, realizado em 1997, em Santiago do Chile, numa apresentação, a meu ver, magistral, André Green enfatizou a complexidade das questões mentais e a tendência natural dos grupos e escolas psicanalíticos para a simplificação da problemática humana, angustiados que ficamos diante de nossos pacientes que parecem ter sempre mais capacidade criativa para nos apresentar questões e enigmas do que nós, analistas, para entendê-los e solucioná-los a despeito de todo nosso arsenal conceitual. E ele propõe como caminho – o único – a ser trilhado, uma volta ao modelo freudiano do sonho, pela sua própria complexidade, em contraposição ao já desgastado modelo mãe-bebê. Só o modelo do sonho possibilita a conjugação dos elementos básicos constitutivos da problemática humana: o corpo erógeno e mortal, a capacidade representacional, os afetos, as questões de identidade e de nome e, enfim, de uma topografia criativa.

Concordo plenamente com Green, porém, apenas acrescento: somente o espaço de transicionalidade sinalizado por Freud, conceituado só cinquenta anos depois por Winnicott, pela ruptura com o modelo rígido e radical de doença e saúde, é que poderá ajudar tanto o analista quanto o seu paciente a se aproximarem da imensa perplexidade que a experiência da vida nos impõe. Caso contrário, se não pudermos ficar perplexos, só nos resta o pânico ou o melancólico estereótipo do saudosismo.

Referências

Freud, S. (1901/1976). *Sobre a psicopatologia da vida cotidiana*. (Edição Standard Brasileira, Vol. 6). Rio de Janeiro: Imago.

Green, A. (1999). *Afeto e representação*. In Congresso Internacional de Psicanálise. Santiago, Chile.

Winnicott, D. (1975). *O brincar e a realidade*. Rio de Janeiro, RJ: Imago.

Instinto: da teoria da autoconservação à teoria da mortalidade[1]

Único animal a funcionar concomitantemente em dois registros – o biológico e o psíquico –, o homem, desde que assumiu a postura ereta, vive sob o paradoxo de, para mantê-la e manter-se enquanto espécie, ter que dela abdicar: é novamente deitado que ele, por meio do sono, recompõe suas forças; e é deitado, sobre quatro pés, que ele se reproduz. Sua sexualidade insere-o de chofre em sua natureza animal. A cena primária, ou originária, tem a função básica de, contrapondo-se a todas as suas pretensões narcísicas, remetê-lo à sua origem animal ao mesmo tempo que, inserindo-o na cadeia genealógica, situa-o numa especificidade cronológica, em que nascimento e morte são os pontos referenciais de seu psiquismo.

"Qual é o ser" – interrogava às portas de Tebas a esfinge, sinistra cantora, monstro devorador – "que é ao mesmo tempo *dípous, trípous* e *tetrápous*?". Para *Oidípous*, "o dos pés inchados", a

---

[1] Texto originalmente publicado no livro *Corpo-mente: uma fronteira móvel* (Casa do Psicólogo, 1995), organizado por Luiz Carlos Uchôa Junqueira Filho.

resposta era simples: o homem, é claro! Mas o que é o homem? (Vernant, 1973).

Como a esfinge para Édipo, é sempre o monstro a propor, na mitologia, o enigma. Mas, como escreveu Calasso (1992), resolver um enigma quer dizer deslocá-lo para um nível mais alto, enquanto o primeiro afunda. A esfinge indicava a indecifrabilidade do homem, ser fugidio e multiforme, cuja definição só pode ser também fugidia e multiforme. A esfinge atraiu Édipo. O enigma da esfinge foi resolvido por Édipo, que se tornou, ele próprio, um enigma.

Esse enigma atraiu Freud, que a ele dedicou toda sua vida. E as respostas que deu têm mantido intrigado, desde então, o animal pensante deste século. Seu golpe de gênio foi a instauração não apenas de um novo pensar, mas de um ato, o ato psicanalítico, em concomitância com esse novo pensar. Um ato no qual, tal como no ato originário, são dois os participantes.

Ao colocar o analisando deitado no divã e o analista ereto em sua poltrona, Freud promoveu o ato analítico ao estatuto de um duplo externo da tensão interna natural de cada um dos participantes, tornando cena a paradoxal inserção humana nas posturas animal e ereta. Se não há vida sem relação, tampouco pode haver vida psíquica que dela prescinda: é fundamental que o encontro se dê – fugaz, porém. A separação se impõe como parte essencial, constituinte da própria cena e também como único indício da existência de um tempo outro que não o presente contínuo. Ela é, por assim dizer, todos os outros tempos, o passado e o futuro.

Nem terminável nem interminável, nenhuma análise prossegue para além dos limites de uma sessão. O que chamamos de prosseguimento ou de duração de uma análise não é mais do que a repetição sucessiva dessa cena, em que *encontro-cena originária* e *separação-cena última* se repetem, reeditam-se, reestruturam-se, recolocam-se até o limite de suportabilidade de um ou de outro participante. Esse limite é a evidência clara de que a cena era composta por dois participantes, diferentes em quase tudo um do outro, exceto por pertencerem à mesma espécie animal. Diferentes sobretudo quanto ao tempo de cada um, elemento mais visceral da identidade única de cada ser humano.

A vida é a consumação da morte, disse, nos meados do século XIX, Claude Bernard, fisiologista cujos trabalhos estabeleceram a noção fundamental de *meio interno* do organismo vivo. A vida é a busca do caminho para a morte, escreveu Freud, em 1919, em "Além do princípio do prazer", ex-neurofisiologista cujos trabalhos tratavam do meio interno do psiquismo humano.

Encontro e separação, duas perspectivas da mesma cena, são também os responsáveis pela tensão nela existente. Voltemos à cena da esfinge, à cena do monstro, conforme *As núpcias de Cadmo e Harmonia*, magnífica obra de Roberto Calasso (1992):

> *O monstro é o mais precioso dos inimigos: por isso é o inimigo que se procura. . . . O monstro espera perto da fonte, ele é a fonte. Por isso não precisa do herói. É o herói que dele necessita para sobreviver. . . . Originalmente, o monstro estava no centro, entre a terra e o céu, onde brotam as águas. Ao ser morto pelo herói, o corpo do monstro, desmembrado, migrou e se recompôs nos quatro cantos do mundo. Depois dividiu o mundo num círculo de escamas e água. Era a margem compósita do todo. Era a moldura. (p. 122)*

No inconsciente, não há representação da morte, disse-nos Freud; no inconsciente, a cena é sempre viva. Mas, à maneira da moldura que margeia um quadro, a mortalidade emoldura toda cena, diria eu, a partir de uma leitura dos textos freudianos. Pelo menos 24 volumes, um sem-número de páginas de correspondência e um incalculável acervo ainda censurado, quase tudo escrito em alemão, é o legado freudiano que vem ocupando grande parte do tempo de analistas e filósofos da ciência em busca da tradução mais fiel de seu pensamento: qual a melhor tradução, a mais fiel ao pensamento fundador, qual o seu melhor intérprete são questões que permanecem na ordem do dia, 55 anos depois de sua morte. Mas em que língua escrevia Freud? Ou, ampliando a pergunta, em que língua escreveu Homero? Práticos que são, os ingleses consideraram melhor dizer que Shakespeare é o fundador da língua inglesa, talvez para poder conversarem entre si...

Por apreender a natureza mesma do enigma e preferi-la à sua pretensa decifração, Freud, para ficarmos somente com o problema que é o foco desta nossa fala de hoje, batizou-o duplamente: *Instinkt* e *Trieb*. No batismo, o pecado original, evidenciando que o importante, o significativo, não é o batismo que, à maneira do rito religioso, se propõe a acabar com o pecado original, mas sim a conjunção constante entre o representável, o significável, o nomeável – a cena – e aquilo que não o é – a moldura. Ou, em outras palavras, o que importa não é o conceito exato, o *mot juste*, mas sim os destinos, as vicissitudes inerentes à natureza e à função desse e de todo e qualquer conceito psicanalítico. Pois todo conceito psicanalítico se propõe em trânsito, como atesta o texto freudiano, pretendendo significar um algo para o qual nosso equipamento linguístico, simbólico, seja em que língua for, é bastante precário. Da mesma forma que o enigma proposto pelo monstro mítico, o fenômeno da vida mental só pode ser reelaborado, ressignificado em esferas sucessivas, mais altas ou mais baixas, mas não decifrado.

A teoria da sedução originária de Laplanche (1988), uma recuperação e um desenvolvimento da teoria freudiana do trauma, presta-se de forma única para se pensar a problemática da teorização, da conceituação em psicanálise. Para ele, toda criança é objeto de sedução dos pais, sendo esse o trauma primeiro, originário, o responsável mesmo pelo nascimento psíquico daquela criança na medida em que, defrontada com uma linguagem sexual para a qual ainda não tem recursos significadores, coloca em marcha sua atividade fantasmática, recalcando, ao mesmo tempo, a experiência traumática. Os pais, por seu lado, são sedutores inconscientes, pois foram também um dia objetos de sedução. Há, portanto, sempre, um *quantum* de experiência não significável que só *a posteriori*, como uma lembrança encobridora, poderá ser, em parte, recuperada. Como no batismo freudiano referido há pouco, trata-se de um modelo que é o avesso do batismo religioso, pois introduz o ser, não na ordem do divino, mas do humano, da sexualidade e da mortalidade.

Não à toa, os textos freudianos se apresentam de forma sempre criadora, pois neles os conceitos são sempre retomados, desfeitos e refeitos, condensados e deslocados, passíveis sempre de nova interpretação; jamais definitivos, como manifestos que são do objeto vivo a que se referem, expressando, dessa forma, a natureza animada desse mesmo objeto. Não à toa, seus textos se originam de sua autoanálise, pois denunciam com isso a ilusão pretensiosa da ciência positivista-iluminista de um progresso humano, em que o humano era confundido com o racional. Não à toa, como mostrou Pierre Fédida em magnífica conferência proferida em São Paulo,[2] sua obra se funda nos encontros com a histérica, pois, criando sua própria biologia, ela mostrou-nos que a "biologia verdadeira" não passa de uma abstração racional: o corpo se faz ao significar-se. E o corpo significa-se ao sonhar!

---

2 Conferência realizada em 13 de abril de 1994 na Sociedade Brasileira de Psicanálise de São Paulo (SBPSP).

Nesse contexto, não é nem um pouco estranho que a teoria dos instintos, ou das pulsões, emerja em consonância com os três ensaios sobre sexualidade, e que o primeiro instinto a ganhar esse nome seja o sexual: com a morte de seu pai, Freud tem acesso a seu potencial criador, penetrando vigorosamente em territórios até então proibidos. Tampouco é estranho que sua última reformulação ocorra depois da Primeira Grande Guerra, quinze anos depois do broto inicial, quando o homem Sigmund, havendo passado por várias perdas, começava a enfrentar a velhice, avizinhando-se o câncer que o acompanharia pelos últimos dezenove anos. A primeira oposição instintual inicial se dava entre sexualidade e autoconservação. A última, entre sexualidade e morte. Mantém-se, ao longo desses quinze anos, um dos termos da equação básica da vida humana: a sexualidade. O outro, a autoconservação, transforma-se em seu oposto: a morte. Tal qual no processo de elaboração onírica, na qual uma ideia manifesta pode significar o seu contrário, a lenta maturação teórica e clínica do psicanalista Freud, associada às experiências vividas dentro da comunidade psicanalítica como fundador e líder, contextualizadas na humanidade do homem Sigmund, criam a cena do além. Esta, destituindo o prazer de seu lugar primordial, instaura-se por meio do conceito de instinto de morte, dizendo-se "mais além do princípio de prazer". O homem que, desde a publicação de *A interpretação dos sonhos*, em 1900, havia perdido o seu lugar privilegiado, sofre um outro duro golpe, pois seu novo lugar pressupõe um "não lugar", um além que significa também um aquém. E a tópica freudiana rearticula-se na teoria estrutural. E a fonte das pulsões é o Id, o "isso": não mais um lugar, um nome, mas uma instância.

A precariedade da vida humana ocupará a cena em sua obra daqui para a frente: "Maltrata-se uma criança", "O problema econômico do masoquismo", "Fetichismo", "Negação", "A divisão do ego", *O futuro de uma ilusão*, *O mal-estar na civilização* são alguns dos textos que atestam a nova dimensão de seu pensamento e que afloram após a profunda análise que fez da cena primária, durante a Primeira Grande Guerra, por meio da análise do exilado russo que sonhava com lobos: "o homem é o lobo do homem".

De forma análoga à comunidade médica de Viena diante da exposição da teoria sexual infantil vinte anos antes, a comunidade psicanalítica reage à teoria da mortalidade. Se a repressão se abate sobre a sexualidade, a clivagem e a negação se abatem sobre a mortalidade, sendo, portanto, compreensível que haja divisões reativas entre os psicanalistas reativos ao novo conceito. E o conceito inicia seu percurso peculiar, pois quase sempre travestido de agressividade ou psicose. Melanie Klein é uma das primeiras a se embrenhar por tão sombrios caminhos; mas qual é seu primeiro passo? Defleti-lo, colocá-lo na criança, no recém-nascido que, num primeiro movimento, em direção à vida, deflete-o para fora. E o instinto de morte (o mais interno dos instintos) começa a ser tratado de forma parcial, ganhando conotação de mal. Quão dolorosa é a percepção de nossa finitude...

Como que numa reação à afirmação freudiana da morte como instinto básico e ao fato de que o desenvolvimento, o evoluir, o progredir de cada vida humana conduz inexoravelmente à morte, o desenvolvimento da teoria psicanalítica fica aprisionado ao início da vida, ao primário, ao primitivo. Passaram-se quase oitenta anos desde então e é absolutamente impressionante o fato de que temos uma quantidade enorme de teorizações sobre o primitivo, sobre a criança, sobre o início da vida e quase nada sobre seu final. Observamos bebês, mas onde colocamos o que podemos observar da velhice? A morte continua latente, silenciosa em nossa produção teórica!

Em *Inibição, sintoma e angústia*, Freud (1925-1926/1972) escreveu que

> *No inconsciente não há nada que possa dar um significado a nosso conceito de destruição da vida... e é por isso que eu me apoio firmemente à ideia de que a angústia de morte deve ser concebida como análoga à angústia de castração. (p. 153)*

Ao se dizer homem, Édipo se nomeia, e, com a palavra humana, a esfinge se precipita no abismo. Com Édipo, a esfinge se faz homem, humaniza-se, pois humanizar-se é viver perguntando-se sobre a própria cicatriz, sinal de nascença, vestígio da encruzilhada tebana inscrito no próprio corpo, indício da devoração primeira, antecipação da própria sorte. A cena humana está criada, emoldurada pelas escamas do monstro, seu limite e também seu suporte. Se a cena, a representação, é animada pela sexualidade, a sua moldura (o enquadre) é a permanência, a mortalidade. E o ponto onde a cena encontra a moldura, a cicatriz, a castração. O "brilho" das tintas afetivas que emana da cena provoca em Édipo a cegueira, o negro, que se amalgama à cena originária: a irrepresentabilidade da cena última. Pois que, no momento de sua consumação, estão encerradas todas e quaisquer possibilidades egoicas. Por um breve momento da cadeia da espécie, a moldura ocupa novamente o lugar da cena.

Levando em consideração a existência do instinto de morte, não é necessário admitir que ele se manifesta como fala emergente do próprio corpo? Se a fantasia, como pensou Susan Isaacs (1982) em "Natureza e função da fantasia", é o equivalente mental do instinto – portanto, sua representação – e se as fantasias primeiras, básicas, são aquelas relacionadas a partes do próprio corpo, faltou-lhe acrescentar, a meu ver, que o corpo humano continua a forçar sua representabilidade ao longo de toda a vida, e que essas novas representações vão variar de acordo com a evolução do processo vital. Nós todos dizemos, por exemplo, "uma pele de bebê", querendo com isso significar um brilho, uma maciez, uma irradiação vital característicos da vida emergente. Nós todos falamos de uma superfície rugosa, numa alusão direta à pele da velhice. Por que será que não temos considerado teoricamente em psicanálise o processo evolutivo-degenerativo celular e corporal em sua capacidade representacional e fantasmática? Não é significativo o fato de a teoria psicanalítica privilegiar tanto as fantasias originárias e deixar à deriva, na obscuridade, as fantasias de degenerescência da vida? O inconsciente é atemporal, disse Freud, mas isso não significa que ele só opere com fantasias primitivas; sobretudo, significa que tanto as primeiras fantasias quanto as posteriores se apresentam num presente contínuo, que é o tempo da transferência. É fundamental, do meu ponto de vista, que o analista possa aprender, na fala de seu paciente, as produções fantasmáticas da evolução do processo vital de seu paciente. Pois, por mais que uma personalidade se aliene de sua experiência de estar no mundo, de sua vida relacional, jamais poderá alienar-se das emanações instintivas e consequentemente de suas transformações corporais. Não devemos esquecer que o Ego é, antes de tudo, corporal e que o primeiro objeto de satisfação instintual é o próprio corpo.

Qualquer analista de bom senso concorda com o fato de que a vida é maior que a psicanálise e que aprendemos basicamente com ela. O que significa que a fala de uma criança é diferente da de um adolescente, e a deste, diferente da de uma pessoa de mais idade. Mesmo que predominem mecanismos de negação e *splitting*, é inegável que uma pessoa que tenha vivido mais tempo torna-se sujeito de perdas mais frequentes, reativando de vários modos e por mais vezes sua vivência de castração, fato que se refletirá necessariamente em sua fala. A ansiedade de castração irromperá com mais ou menos força, e a linha de tensão do encontro da cena com a moldura será diferente.

É importante notar como o impacto da conceituação do instinto de morte se reflete na produção teórica e na prática psicanalítica até o presente, quando é tratado basicamente como agressão ou autoagressão, qualificado e identificado com o mal, numa forma maniqueísta de ver o mundo, demonstrando como tem sido difícil para nós todos acompanharmos o pensamento revolucionário de Freud. Mais fácil é reagirmos a ele e, numa guinada de 180 graus, mimetizarmos a evolução tecnológica, indo em busca de teorias sempre novas, cada vez mais modernas, num movimento de afastamento do velho que se torna sinônimo de obsoleto; num movimento que caracteriza uma atitude de recusa, de negação do *insight* psicanalítico.

Referências

Calasso, R. (1992). *As núpcias de Cadmo e Harmonia*. São Paulo: Companhia das Letras.

Freud, S. (1901-1905/1996). *Três ensaios sobre a teoria da sexualidade* (Edição Standard Brasileira das Obras Psicológicas Completas de Sigmund Freud, Vol. 7). Rio de Janeiro: Imago.

Freud, S. (1900-1901/1996). *A interpretação dos sonhos* (Edição Standard Brasileira das Obras Psicológicas Completas de Sigmund Freud, Vols. 4 e 5). Rio de Janeiro: Imago.

Freud, S. (1914-1916/1996). *Os instintos e suas vicissitudes* (Edição Standard Brasileira das Obras Psicológicas Completas de Sigmund Freud, Vol. 14). Rio de Janeiro: Imago.

Freud, S. (1920-1922/1996). *Além do princípio do prazer* (Edição Standard Brasileira das Obras Psicológicas Completas de Sigmund Freud, Vol. 18). Rio de Janeiro: Imago.

Freud, S. (1923-1925/1996). *O Ego e o Id* (Edição Standard Brasileira das Obras Psicológicas Completas de Sigmund Freud, Vol. 19). Rio de Janeiro: Imago.

Freud, S. (1923-1925/1996). *O problema econômico do masoquismo* (Edição Standard Brasileira das Obras Psicológicas Completas de Sigmund Freud, Vol. 19). Rio de Janeiro: Imago.

Freud, S. (1925-1926/1972). *Inibições, sintomas e angústia* (Edição Standard Brasileira das Obras Psicológicas Completas de Sigmund Freud, Vol. 20). Rio de Janeiro: Imago.

Freud, S. (1927-1931/1996). *Fetichismo* (Edição Standard Brasileira das Obras Psicológicas Completas de Sigmund Freud, Vol. 21). Rio de Janeiro: Imago.

Freud, S. (1937-1939/1996). *A clivagem do Ego como um processo de defesa* (Edição Standard Brasileira das Obras Psicológicas Completas de Sigmund Freud, Vol. 23). Rio de Janeiro: Imago.

Giovannetti, M. F. (1994). A voz do ausente. *Jornal de Psicanálise*, 27(52), 21-28.

Isaacs, S. (1982). A natureza e a função da fantasia. In J. Rivière (Org.), *Os progressos da psicanálise* (pp. 79-135). Rio de Janeiro: Guanabara Koogan.

Laplanche, J. (1988). *Teoria da sedução generalizada e outros ensaios*. Porto Alegre: Artes Médicas.

Vernant, J. P. (1973). *Mito e pensamento entre os gregos*. São Paulo: Difusão Europeia do Livro.

O término do processo psicanalítico: rimas e rumos[1]

> *Mundo mundo vasto mundo,*
> *Se eu me chamasse Raimundo*
> *Seria uma rima, não seria uma solução.*
>
> "Poema de sete faces", Carlos Drummond de Andrade (1988)

Os versos acima, retirados do "Poema de sete faces", de Carlos Drummond de Andrade (1988), poderiam bem servir, devidamente recontextualizados, como referência para questões que envolvem tanto o processo analítico quanto seu término. "Mundo mundo vasto mundo / mais vasto é meu coração", continua ele, como que a dizer que diante do impacto provocado pela percepção da vastidão do mundo há sempre uma reação no sentido de trazê-lo para dentro de si, englobá-lo, agigantando-se o Ego e apequenando-se o mundo. Basicamente trabalhada por Freud em

---

[1] Trabalho apresentado no XVIII Congresso Brasileiro de Psicanálise em São Paulo, SP, em setembro de 2001. Originalmente publicado na *Revista Brasileira de Psicanálise*, v. 35, n. 3, 2001.

"Sobre o narcisismo" (Freud, 1914-1916/1996), "Luto e melancolia" (Freud, 1914-1916), *Psicologia das massas e análise do ego* (Freud, 1920-1922) e *O mal-estar na cultura* (Freud, 1927-1931), essa é uma das questões centrais quando se trata de pensar o percurso de uma análise. Pois, tanto da perspectiva do analisando quanto do analista, a qualidade de uma análise vai depender diretamente da capacidade dos dois de perceberem a vastidão do mundo – interno e externo – e da possibilidade de criarem, ao longo desse percurso, aquilo que, em poesia, chamamos de rima. Pois a problemática humana não se soluciona, restando-nos apenas a possibilidade de encontrar rimas pobres ou ricas para ela.

Um exemplo clássico de rima rica nos deu Freud com a seminal pergunta de 1937-1939, "Terminável ou interminável, o processo analítico?". Feita pouco antes de sua morte, ela aponta para a vastidão daquilo que não se sabe a respeito da mente humana, fazendo ressoar em sua interrogância a brevidade de qualquer vida humana comparada com a imensidão do mundo.

As angústias presentes quando se está às voltas com o fim da própria vida têm sido matéria pouco considerada por nós, psicanalistas (Giovannetti, 1995), mais afeitos que somos às angústias referentes aos princípios. O nosso considerável acervo bibliográfico construído ao longo do século XX não tem poupado esforços em refletir e considerar tudo aquilo que diz respeito às primeiras angústias do ser humano, mas é sintomática a pequena quantidade de trabalhos que se propõem a refletir a problemática de nossa finitude, como que a reafirmar que as afirmações freudianas de 1919, em *Mais além do princípio de prazer*, continuam tão disruptivas quanto o foram em sua época: sérias cisões teóricas e defecções das hostes psicanalíticas tiveram aí suas raízes, e mesmo as escolas que mais se utilizaram de tão maldito conceito – o de instinto de morte – tomaram-no mais como algo valorativo, moral – o de mal – e menos em seu significado literal, o de que todo ser humano caminha para a morte.

Os importantes trabalhos de Klein e de seus seguidores, para citar apenas uma das escolas que mais desenvolveram aquele conceito, sempre enfatizaram a perspectiva da agressividade, da inveja e do sadismo, deixando quase que de lado seu aspecto essencial, a mortalidade. Nesse sentido, as interpretações focando as angústias de separação ocuparam, sem dúvida, muito tempo em qualquer análise cujo analista tivesse alguma referência kleiniana. De modo análogo e independentemente da escola de referência do analista, fomos observando, ao longo do século XX, que as análises foram se tornando cada vez mais longas, pois cada vez mais envolvidas com os aspectos mais regressivos e arcaicos do analisando, com o argumento de um maior aprofundamento do processo. Mas é fundamental pensarmos que o fato de sempre restar algo para ser analisado, algo para ser visto, veicula, na maioria das vezes, a reasseguradora mensagem inconsciente de que sempre haverá um amanhã. E o aqui e agora da sessão, penhorado que fica a um futuro alucinado, deixa de ser uma referência ao fato de que a vida humana só existe no presente para, com sua repetição reiterada, se transformar num reasseguramento ante as angústias de morte tanto do analisando quanto do analista.

E à neurose transferencial do paciente pode-se somar, então, uma outra, criada em conluio pelo par. Se o inconsciente é atemporal não há como desconsiderar o campo gravitacional criado pelas repetições reiteradas de uma sessão após outra como sintoma regressivo diante da vastidão do mundo e da brevidade da vida humana. Nem tampouco subestimar o mais além do desejo e do prazer estruturadores de dois grandes equívocos: o de que haverá sempre mais tempo ou o de que, havendo mais tempo, haverá a solução. Natural e perigoso conluio inconsciente ante as ansiedades trazidas à tona e potencializadas pelo método do aqui e agora.

Vimos, ao longo do último século, as transformações sofridas tanto na teoria quanto na prática psicanalíticas: da teoria da repressão à teoria das identificações projetivas, da teoria da forclusão de Lacan à teoria das transformações de Bion, do tratamento das histéricas de Freud ao tratamento dos psicóticos dos meados do século e deste ao tratamento dos pacientes *borderline,* diagnóstico e conceito que se expandiram a partir dos anos 1970, caracterizando nossa perplexidade diante de uma geração pós-revolução sexual e cibernética. Não há dúvidas que temos todos nos empenhado seriamente em encontrar novas e melhores rimas para a fala de cada um de nossos pacientes, mas é fato inegável que a voz do paciente sempre parece um pouco dissonante de todo e qualquer versejar do mundo psicanalítico: "mais vasto é o meu coração" é a mensagem que cada novo paciente traz para os ouvidos daquele analista que se propõe de fato a escutá-lo.

Não sendo o narcisismo nem um pouco desprezível em nossa vida mental e relacional, conforme atestaram os trabalhos de Freud, Klein, Green, Kernberg e outros, é fundamental encarar o fato de que tanto o analista quanto o analisando tendem a querer englobar a vastidão do mundo dentro de seu próprio nome: "Se eu me chamasse Raimundo", o mundo caberia dentro do meu nome é o desejo de cada um de nós. Também não menos desprezível é a força que nossos mestres, nossos objetos primários profissionais, exercem sobre cada um de nós. E sabemos todos como é tentador rimar cada palavra nova e desafiadora de nossos pacientes com a fala reasseguradora e conhecida de algum grande analista, muitas vezes, em detrimento da escuta mesma daqueles pacientes. É provável que, a essa altura dos acontecimentos, um século depois da primeira sessão de análise, seja esse o maior desafio com que nos confrontamos em cada nova sessão de análise. Já que a regra de abstinência se impõe para nós como a mais vital delas, nenhum de nós podendo dizer "Eu também" ou "Eu não, de jeito algum" a seu paciente, nada mais tentador que buscar rimar a fala desconhecida e provocativa do paciente com a teoria já consagrada de um mestre, substituindo-se o "Eu também" por algo assim como "Meu mestre já te conhece". Essa é a rima pobre que tentadoramente se oferece fácil, a todo momento, para qualquer analista, similar em sua natureza a qualquer sintoma por apequenar e circunscrever a vastidão do mundo no contexto de um só nome. Ainda que "Raimundo", ainda que o do Pai, nome algum pode conter em si mesmo a vastidão do mundo. Ainda que "Onde era Id, seja Ego", conforme a reformulação freudiana de seu aforisma primeiro, não existe Ego capaz de conter a vastidão do mundo pulsional. Nem tampouco Ego que se separe claramente de seu entorno, de sua cultura, conforme nos mostrou Freud em *Psicologia das massas e análise do Ego*.

Classicamente, o final da análise seria a resolução da neurose transferencial, mas o paradoxo aí envolvido é que, justamente, aquele que não resolveu a sua neurose transferencial – ou, pelo menos, parte significativa dela –, o analista, é que é convocado a conceituar o término de análise. Pois não somos nós justamente os que permanecemos para sempre vinculados à situação analítica? E o término de uma análise implicaria justamente abrir mão dela... Portanto, não é de estranhar que vá se estabelecendo um conluio inconsciente entre analista e analisando no sentido de dificultar a análise da transferência positiva que, camuflada de necessidade de mais análise, se junta à problemática da castração, uma outra forma de significar a finitude humana, e o processo psicanalítico é prolongado indefinidamente.

Assim o melancólico sombreamento das análises didáticas, isto é, a análise do próprio analista vai exercer uma força de atração em toda conceituação a respeito do que é uma análise completa. Se, como disse Freud, nenhuma análise vai mais além do que foi a análise do próprio analista, é fundamental pensar nesse aforisma em termos de ideologias do analista e da contaminação dessas ideologias na forma de focar tanto o processo analítico quanto seu encerramento. Não se pode esperar, nem tampouco desejar, que todo analisando tenha uma análise como a de um analista, pois sua demanda é outra. Se uma análise dita profunda é necessária para um analista, ela jamais pode ser tomada como modelo para a análise de uma outra pessoa qualquer. Afinal, quem é que decide que nossas análises são as mais bem-sucedidas? Se pensarmos que nossa neurose transferencial – ou, ao menos, restos dela – permanece em nós para sempre, seria melhor que nos descolássemos de nosso modelo para melhor analisar e escutar aquele outro diferente de nós mesmos, aquele que não nos procura para tornar-se um analista.

Pois mais do que os problemas de idealização de nossas análises, o que está em jogo, o fator mais relevante é uma questão narcísica que impede a escuta e o reconhecimento de um outro diferente de nós mesmos. Se Freud terminou seu texto sobre a análise terminável apontando a rocha da castração como um dos fatores mais importantes a serem levados em consideração no sucesso de uma análise, cabe-nos questionar essa mesma rocha a partir do analista: até onde chega nosso conhecimento para decidir aonde chegar ou ir uma análise? Quais os limites que temos para acompanhar o processo ou os processos mentais que são necessariamente deflagrados pelo processo analítico? O mundo é bem mais vasto que nossos consultórios...

Foi fundamental a contribuição de Bion ao pensamento kleiniano quando introduziu a modificação no sentido da seta posição esquizoparanoide <-> pós-depressiva, resgatando o espírito freudiano de alternância, simultaneidade e complementaridade dos processos mentais. Pois todo direcionamento implica um engessamento do pensamento e o aprisionamento dentro da ideologia de uma época ou de um grupo. Se a psicanálise existe, foi justamente porque um homem colocou em questão o *establishment* científico de sua época, trazendo para a frente da cena tudo aquilo que estava relegado a um segundo plano. O que nos coloca a questão de que, na própria natureza da psicanálise, a mudança de perspectiva, ou de vértices, como queria Bion, é fundamental. A fala da histérica era a fala outra nos tempos de Freud. O que não é mais do que aquilo que Bion quer significar com o novo, com a escuta do novo. O novo não é, de forma alguma, aquilo que ainda não existe, podendo ser tanto aquilo que ainda não foi pensado como aquilo que deixou, por uma questão histórica ou circunstancial, de ser tomado como relevante. Não são as releituras muitas vezes mais iluminadoras que as leituras clássicas e dogmáticas de muitos textos?

Será que, após cem anos de existência de clínica psicanalítica, algum de nós ainda teria a ousadia de dizer como deve ser um ser humano normal? Será que um de nós ainda acredita que a palavra de um analista é de valor superior à de qualquer um de nossos analisandos? Será que esses cem anos de ofício não nos ensinaram mais a respeito do ser humano do que aquilo que temos podido conceituar para melhor nós comunicarmos conosco mesmo? Seria triste ou, parafraseando Roustang (1979), realmente funesto para nossa ciência se tomássemos tudo aquilo que tem por função uma melhor comunicação entre os analistas, nossos conceitos, como os fundamentos verdadeiros da vida mental. Se a doença é uma metáfora, conforme escreveu Susan Sontag (1988), retomando o melhor da letra e do espírito freudianos, é fundamental considerarmos nossas teorias também como metáforas. Mais abertas umas, mais fechadas outras, algumas mais bem estruturadas que outras, mas, como toda metáfora, não mais do que pequenos deslizamentos, deslocamentos metonímicos que podemos fazer, imersos que estamos em nossa subjetividade relacional seja com o outro, seja com o mundo. Como no trabalho de elaboração onírica, cuja complexidade nos mostrou Freud, há sempre um resto, um vestígio do dia a corroer o nosso narcisismo... Rima pobre é aquela que está sempre no mesmo lugar, o lugar-comum, o estereótipo. Rima rica, bem, é aquela que faz cada um de nós sair do verso e ir para o mundo. Rima rica é aquela que interpela o leitor, propondo a ele um novo diálogo consigo mesmo e com o outro. Em psicanálise, as coisas não são muito diferentes.

Impossível falar do término de uma análise isoladamente. Ele é uma consequência e uma decorrência de seu percurso: como a própria vida, alguns percursos mais bem-sucedidos que outros, dependendo do ponto de vista adotado. Se o ponto de vista for o da erradicação do sintoma inicial, podemos dizer que a grande maioria delas é bem-sucedida. Mas, se adotarmos um outro ponto de vista, o da cura (Herrmann, 2000; Smirnoff, 1978; Zaltzman, 1993), o término de uma análise vai de encontro àquilo que eu entendo como a mais central de todas as questões da clínica psicanalítica: a de que sintoma tem um sentido muito diferente de doença, na medida em que ele não é mais do que uma das possibilidades expressivas do próprio ego. Em última instância, o conceito mesmo de Ego não está imbricado com de sintoma? Não é o Ego uma estrutura calcada nos precipitados das diversas identificações? O que entendo como cura analítica não é mais do que a possibilidade criada de que os precipitados identificatórios percam sua cristalização, permitindo um trânsito de maior amplitude dentro de todo o espectro expressivo-sintomático, em oposição à repetição estéril e estereotipada. É um *aggiornamento* dos objetos primários, do grupo familiar primário, para o grupo humano da atualidade – o eu e o grupo –, estabelecendo uma dinâmica relacional que, sem dúvida, promoverá crises identificatórias no sentido mais radical da palavra: o de leitura crítica de si mesmo e do mundo.

Uma vinheta clínica para melhor ilustrar as ideias anteriores: um homem perto de seus 50 anos de idade, no seu quarto ano de análise, começa sua sessão de segunda-feira falando de seu primeiro fim de semana após o término de um longo casamento que se mostrara estéril, seja do ponto de vista relacional, seja do ponto de vista de não ter gerado filhos. Dizia ter estranhado muito seu novo apartamento e ter que encontrar coisas diferentes para ocupar o tempo. *"Felizmente"*, disse ele,

> *minha namorada, diferentemente de minha ex-mulher e de mim mesmo, tem iniciativa. Ela propôs que pegássemos o carro e fôssemos até Paranapiacaba. Cada lugar que estou conhecendo... você deve saber que lá tem um museu da ferrovia que os ingleses fizeram na Serra do Mar. Tive a maior surpresa quando me dei conta de que se tratava da estação do funicular que subia a serra de Santos. Quantas vezes em minha vida eu descia a serra em criança, no carro de meu pai, e ficava vendo, de longe, aqueles trilhos e imaginando aonde é que eles iriam dar... Nunca fiquei sabendo... E ontem, percorrendo o museu e a estação de Paranapiacaba, fiz a ligação. Veio tudo à minha cabeça. E fiquei pensando que toda a dificuldade que eu tinha em geografia e história na escola tinha a ver com isso: eu não conseguia juntar nem as datas nem os lugares. Parecia que cada coisa estava num lugar separado do outro...*

Magnífica expressão da apreensão que tem de sua mudança interna: o crescimento implica realizar conexões outras que não as infantis – os trilhos que divisava em sua infância e que não sabia aonde levavam são resgatados agora em sua memória, mas apenas pela possibilidade propiciada por uma mudança em seu percurso de vida. Situado em um novo lugar, ou melhor, da alternância e da complementaridade de vários pontos de vista, propiciados pela sua capacidade de transitar, é capaz de se redefinir geográfica e historicamente. A ideia implícita em sua fala é a de que faz-se necessário encontrar novos caminhos, diferentes daqueles divisados na infância, para que a viagem possa seguir. A resposta adulta à pergunta infantil "Onde é que vão dar esses trilhos?" implica a percepção de que a iniciativa e a direção do carro são agora de sua responsabilidade, não mais de seu pai. É claro que a ideia de ter um filho com essa nova mulher é o que mais lhe atrai no relacionamento com ela.

Seu *insight* a respeito de suas dificuldades escolares faz de algum modo ecoar a história daquele menino, primeiro caso de análise infantil descrito em 1904 por Freud, que olhava os trilhos do trem pela janela da casa de seus pais e que, como meu paciente, apresentava sintomas fóbicos. Tanto um quanto outro não queriam sair do aconchego da casa familiar. Tanto um quanto outro tentavam esticar seu pescoço o mais que pudessem, sob o risco de se tornarem uma girafa, para olhar o mundo de fora sem terem que sair de casa. Meu paciente, que não usava relógio até o final do seu segundo ano de análise, me havia dito, no início, que, na adolescência, passava horas fechado em seu quarto olhando com uma luneta os prédios vizinhos... Essa breve vinheta clínica apresenta, por sua riqueza de condensações e de metáforas, um lampejo de que esta análise está chegando ao seu fim. Afinal, a estação, os trilhos e a ferrovia não são uma conjunção constante sinalizadora tanto do percurso humano quanto da vastidão do mundo?

Tenho passado os últimos trinta anos de minha vida atendendo pessoas em meu consultório e, por isso, já vivi muitos "finais" de análise. Algumas bem-sucedidas, outras nem tanto, muitas que se encerraram antes mesmo de seu começo. Curiosamente, de três ou quatro anos para cá, vários desses ex-analisandos que eu considerava como "análises bem-sucedidas" têm me procurado para "continuar". Estão agora em momentos diferentes de suas vidas e, claro, a forma de apresentar sua queixa ou sua demanda é outra, diferente da inicial. Têm sido muito interessantes as experiências desses reencontros, até como possibilidade de repensar criticamente o trabalho que pudemos fazer em tempos passados. Da mesma forma que eu reconheço cada um deles, sem deixar de surpreender-me muitas vezes com os rumos que suas vidas tomaram, não tem sido incomum eles se referirem a mim como alguém conhecido, mas também diferente agora como analista. Alguns deles têm uma nova profissão; eu continuo a analisar pessoas; tanto eles como eu mantemos nossos nomes. Um deles, que havia me procurado primeiramente por conta daquilo que chamava de suas ideias suicidas, apareceu inesperadamente em meu consultório, uma manhã, quinze anos depois de termos encerrado sua análise, dizendo que queria conversar novamente. Sim, ele estava diferente agora, tinha uma bela família, tinha ganhado muito dinheiro com sua profissão durante esses anos. Não mais ideias suicidas, mas agora estava muito angustiado por conta da Receita Federal, que poderia criar-lhe problemas sérios rastreando seus negócios. Durante nossos encontros seguintes, ele me descreveu sua grande fazenda, cercada em grande parte por altos muros. Sim, ele não queria ser visto tanto assim, nem ser facilmente reconhecido; embora fosse um homem alto e relativamente gordo, se pudesse, passaria despercebido. Temos, desde então, tentado encontrar novas rimas, e, assim, temos falado a respeito de ficar mais velhos, de não sermos mais tão jovens. Sim, nenhum de nós é capaz de escapar da própria condição humana, ainda que se tenha acumulado muito dinheiro, que se seja forte, que se tenha muitos anos de divã. A estrada ainda não acabou; estamos vivos ainda.

Referências

Andrade, C. D. de (1988). Poema de sete faces. In *Poesia e prosa*. Rio de Janeiro: Nova Aguilar.

Freud, S. (1914-1916/1996). *Sobre o narcisismo: uma introdução* (Edição Standard Brasileira das Obras Psicológicas Completas de Sigmund Freud, Vol. 14). Rio de Janeiro: Imago.

Freud, S. (1914-1916). *Luto e melancolia* (Edição Standard Brasileira das Obras Psicológicas Completas de Sigmund Freud, Vol. 14). Rio de Janeiro: Imago.

Freud, S. (1920-1922). *Psicologia em grupo e a análise do ego* (Edição Standard Brasileira das Obras Psicológicas Completas de Sigmund Freud, Vol. 18). Rio de Janeiro: Imago.

Freud, S. (1927-1931). *O mal-estar na civilização* (Edição Standard Brasileira das Obras Psicológicas Completas de Sigmund Freud, Vol. 21). Rio de Janeiro: Imago.

Freud, S. (1937-1939). *Análise terminável e interminável* (Edição Standard Brasileira das Obras Psicológicas Completas de Sigmund Freud, Vol. 23). Rio de Janeiro: Imago.

Giovannetti, M. de F. (1995). Instinto: da teoria da conservação à teoria da mortalidade. In L. C. U. Junqueira Filho (Org.), *Corpo-mente: uma fronteira móvel* (pp. 461-469). São Paulo: Casa do Psicólogo.

Herrmann, F. (2000). A cura. *J. Psicanál.*, *33*(60/61), 425-442.

Roustang, F. (1979). *Un destin si funeste*. Paris: Minuit.

Sontag, S. (1988). *Illness as metaphor*. London: Penguin Books.

Smirnoff, V. N. (1978). Et guérir de plaisir. *Nouv. Rev. Psychanal.*, *17*, 139-166

Zaltzman, N. (1993). Faire une analyse et guérir: de quoi? *Topique, hors-série*, 73-93.

Considerações sobre a escrita psicanalítica[1]

Linha reta e arabesco, intenção e expressão, rijeza da vontade, e sinuosidade do verbo, unidade do alvo, variedade dos meios, amálgama todo-poderoso e indivisível do gênio, que analista terá a detestável coragem de vos dividir e de vos separar?

"O Tirso", Baudelaire

Recentemente o *New York Times* publicou um artigo da escritora A. S. Byatt no qual ela escolhia *As mil e uma noites* como a melhor narrativa deste último milênio. Justificando sua escolha, ela dizia que nenhuma outra obra teria influenciado tanto a literatura quanto o conjunto das aventuras contadas por Sherazade, noite após noite, ao sultão da Pérsia, deixando seus traços nas obras de Dickens, Proust, Borges e Italo Calvino, entre outros. Texto apócrifo, editado pela primeira vez no século XIV, em árabe, a partir

---

[1] Apresentado no 41º Congresso Internacional de Psicanálise em Santiago do Chile, em julho de 1999. Originalmente publicado na *Revista IDE*, v. 34, n. 53, 2012.

de narrativas orais da Pérsia e da Índia que circulavam desde o século X, o texto de *As mil e uma noites* recebeu, a partir do século XVII, inúmeras traduções para as línguas ocidentais, cada uma delas objeto de crítica do tradutor posterior e de inúmeros *experts*. Alguns deles chegaram mesmo a adicionar novas histórias ao conjunto original, argumentando que este seria o espírito inerente a *As mil e uma noites*... Cada novo narrador entrando na história a partir de uma narrativa própria – uma outra noite no meio dessas mil mais uma –; todas se articulando em torno de uma narrativa básica, uma narrativa moldura (Wajnberg, 1997): a da mulher que contava uma história a cada noite para manter-se viva.

Se inicio essas breves considerações a respeito da escrita em psicanálise com essa referência a Sherazade é porque nela encontro os elementos básicos que estão sempre em jogo quando se trata de pensar uma problemática questão: como colocar, em linguagem escrita, aquilo que cada um de nós ouve como escutadores profissionais da fala de um outro e como participantes ativos dessa mesma fala sem que nos sintamos traídos por nossa própria incompetência como tradutores, decapitando a cabeça de nosso analisando ou oferecendo a nossa própria para ser cortada – esse é o problema maior que se nos apresenta a cada vez que pensamos em colocar no papel a nossa experiência clínica. E também porque são inúmeros e óbvios os paralelos que podem ser traçados entre aquela obra da literatura oriental e a obra freudiana, texto originário e também moldura de todos os outros textos psicanalíticos. Não discutimos até hoje as suas inúmeras traduções? Não foi ele acrescido de muitas notas, seja pelo próprio Freud, seja pelos seus tradutores? Não continua ele sendo objeto de constantes novas leituras?

Onde começa a obra freudiana: nos seus trabalhos chamados de pré-psicanalíticos, em *A interpretação dos sonhos* ou nos textos como neurologista? Ou ainda em sua correspondência amorosa ou em sua correspondência com Fliess? Esse "início" será sempre questionável dependendo do ponto de vista utilizado? Pois

> *é impossível ler um trabalho de Freud sem se referir aos anteriores e aos posteriores. Do mesmo modo, não há porta de entrada para sua obra pois cada texto é, ao mesmo tempo, uma entrada ao novo texto e parte de todo o edifício. Da mesma forma, não há saída. (Giovannetti, 1997, p. 96)*

Não chamou ele seu último texto de "Esboço de psicanálise"? Narrador insciente – e não onisciente ou informativo –, Freud é o tipo de narrador que vai se constituindo enquanto narra, um narrador que "não está interessado em transmitir o puro em si da coisa narrada como uma informação ou um relatório, mas que mergulha essa coisa em sua própria vida, para em seguida retirá-la de si mesmo" (Benjamin, 1985, p. 205).

Num constante refazer-se, a produção escrita de Freud colocava em evidência o movimento constante, não em direção ao conceito final e definitivo, mas em direção ao abandono, à despedida, ao exílio do conceito recém-encontrado, ressaltando a impossibilidade de conquista e de posse do território descoberto – o território do estrangeiro, do estranho, do *Unheimlich*, exílio do familiar e do estabelecido. E, por isso mesmo, por não ser linear, ele mimetiza como nenhum outro a complexidade da natureza humana e, paradoxalmente, a sua finitude. Não é a questão da finitude humana o que alimenta a narrativa criativa de *As mil e uma noites*? Não é justamente por apontar sempre para o inacabado, para o movimento, para o trânsito que o texto freudiano mostra, em sua totalidade, que sexualidade e mortalidade são as duas faces de uma mesma moeda?

E aí reside a sua extrema capacidade de poder transformar a palavra falada em escrita: somente a profunda apreensão da transitoriedade da vida, ainda que seja apenas em nível inconsciente, é que torna possível a existência da simbolização e a sua radicalização, a escritura. Em *O mal-estar na cultura*, Freud assinala que a escrita é, em sua origem, a voz da pessoa ausente, dando assim uma conceituação simples e, ao mesmo tempo, seminal para o ato que nos aterroriza tanto como psicanalistas e seres humanos, pois escrever é atestar a própria mortalidade.

Sherazade não escrevia suas histórias, apenas as contava e, por isso, podia se perpetuar. Freud, ao contrário, passava suas noites escrevendo as próprias e as de seus pacientes, dando mostras de que não se acreditava imortal. A *talking cure*, a "cura pela palavra", se impregnava, já em sua origem, da noção de transitoriedade da vida, o que só vem enfatizar a ideia de que a psicanálise só poderia ter sido criada por um grande escritor. Se tão vasto é o mundo e tão breve cada vida, como dar testemunho da própria experiência vivida se não passando as noites escrevendo?, parece nos dizer ele com todos os seus escritos. Se Sherazade usava suas noites para contar suas histórias, Freud usava as dele para escrever as histórias que ouvira durante o dia e as que também vivera durante a outra parte da noite em seus sonhos. Se Sherazade dá testemunho da importância do imaginário para a manutenção da vida, Freud, ao instaurar o lugar simbólico do analista, testemunha a importância dos sonhos para nosso psiquismo, reafirmando assim a importância das noites para o conhecimento da vastidão do mundo.

Entre os escritos psicanalíticos, o texto freudiano é o paradigma da voz do ausente à medida que, em constante reformulação conceitual, visa à busca não da palavra exata, mas sim do nome próprio, "aquele que tem a possibilidade de nomear e não de prender o estranho", como escreveu Blanchot (1969), denotando a sua profunda e íntima vinculação com a experiência vivida e com a natureza animada de seu criador. A escrita freudiana é, ao mesmo tempo, nascente e agonizante, viva e sexual, porque, paradoxalmente, atesta a mortalidade e as transformações de seu criador. E, por isso, ela é "libertadora de significações" e não "fixadora de sentidos". Por se permitir morrer, ao apontar sempre para a falta, para a ausência, é possibilitadora de um constante refazer-se, situando-nos no terreno da castração, não do fetiche.

Assim, a escrita freudiana, mais do que cumprir a função de promover desenvolvimentos teóricos e expansões conceituais, era produzida também com a intenção de esclarecer e interpretar a transferência cristalizada e enrijecida do investigador com o conceito anterior. Pois o enrijecimento transferencial e a repetição obstinada são sempre os maiores obstáculos a qualquer processo de investigação. Funcionando também como agente interpretante da transferência de seu leitor, a escrita freudiana cumpria a função de promover a atitude psicanalítica em sua natureza mais pura, naquilo que ela tem de mais subversivo e revolucionário – a manutenção do movimento transitivo em oposição às crenças, às repetições estereotipadas e à paralisia intransitiva, aguçando com o seu constante refazer-se as inevitáveis ansiedades inerentes ao caminhar despossuído de conhecimentos aprioristicos. Em oposição à posse de um território conhecido, ela estimula um êxodo sem um Deus e sem uma terra prometida.

Mas, se o falar continuado pode tentar dar conta das angústias relacionadas à falta e à falha – o sujeito está sempre presente e imortal –, a escrita, ao acentuar essa mesma falta e essa mesma falha, pode exacerbar essas mesmas angústias e possibilitar que o texto seja usado para encobrir, para vestir a nudez perturbadora do corpo erógeno e mortal. E aí ela vai ser usada como fetiche, pervertendo-se sua própria natureza. Se a natureza do texto implica um testemunho da ausência e da transitoriedade, se a natureza do texto implica um dialogar com outros textos, numa intertextualidade possibilitadora da coexistência de pessoas de gerações muito distantes umas das outras, a perversão de sua natureza vai dar origem a textos estereotipados, não dialógicos, categóricos e assertivos ou apenas pálidas sombras da experiência a que se referem. Já escreveu Roland Barthes que a "a estereotipia nada mais é do que a nauseabunda impossibilidade de morrer", preciosa e precisa definição para o uso fetichizante da escrita, ajuntando que "a escrita deve ser um ato incômodo e indomável pois, caso contrário, a problemática humana é entregue sem cor e o escritor fica sendo não mais do que um homem bem comportado".

Não é tão difícil separar em nossa bibliografia psicanalítica os textos fundantes e criadores, aqueles que se inserem no contexto da sexualidade como propagadora da espécie, daqueles escritos estereotipados e sem vida própria, pois, repetidores de uma palavra que não a própria, transitam apenas no espaço de reasseguramento da identidade psicanalítica de seu produtor. Infelizmente, não são poucos esses escritos que, escamoteando o nome próprio de seu autor – preso que está nas malhas de uma transferência interminável –, desembocam na alienação do estereótipo.

Um outro fato se impõe quando consideramos a situação do analista durante a sessão de análise e no momento de escrever seu trabalho: no primeiro, há a existência de um outro corpo erógeno, a palavra vem encarnada, emitida em seu estado nascente, com um "excesso" que precisa ser depurado para que ela seja escutada em toda sua polissemia e polifonia. No ato da escrita, ato solitário por excelência, a palavra se encontra em seu estado agonizante, é letra quase morta, por assim dizer, e seu poder comunicativo precisa ser resgatado. Na sessão, a palavra necessita de um tratamento *via di levare* e, na escrita, *via di porre*. Na sessão, para que a escuta possa ser feita, é necessária a tolerância à presença excessiva do outro. Na escrita, é a ausência do outro que deve ser tolerada.

Para Sherazade, a existência do outro é que tinha de ser atenuada. Para a escrita psicanalítica, tomando Freud como paradigma, é a perda do outro que necessita ser atenuada: o luto deve ser feito ou a escrita se torna melancólica, repetitiva, sombreada. Não foi o fracasso com o tratamento de Irma que o levou a sonhar com aquela garganta que deu início ao dizer psicanalítico? Não foi o luto por seu pai que o possibilitou introduzir o olhar psicanalítico para melhor se enxergar a mente humana, conforme nos conta no célebre sonho "Pede-se fechar um olho ou pede-se fechar os olhos"?. Não foi o luto de um pai pelo filho morto que escolheu para dar início ao célebre capítulo VII de *A interpretação dos sonhos*, conceituação *princeps* de sua metapsicologia?

Para terminar estas considerações e darmos lugar aos debates: a escrita psicanalítica, para merecer esse nome, deverá atestar, em sua própria tessitura, que seu produtor está cônscio de que ninguém, em tempo ou lugar algum, terá a última palavra sobre a psicanálise.

Referências

Barthes, R. (1974). *O prazer do texto* (Coleção Signos). Lisboa: Edições 70.

Benjamin, W. (1985). O narrador: considerações sobre a obra de Nikolai Leskov. In W. Benjamin, *Magia e técnica, arte e política*. São Paulo: Brasiliense.

Blanchot, M. (1969). *L'entretien infini*. Paris: Gallimard.

Giovannetti, M. de F. (1994). A voz do ausente. *Jornal de Psicanálise, 27*(52), 21-28.

Giovannetti, M. de F. (1996). A narrativa freudiana. *IDE, 28*, 16-21.

Giovannetti, M. de F. (1997). The scene and its reverse. In E. Person (Ed.), *On Freud's "A child is being beaten"* (pp. 95-111). New Haven; London: Yale University Press.

Pontalis, J. B. (1993). A inquietação das palavras. In J. B. Pontalis, *A força de atração*. Rio de Janeiro: Jorge Zahar.

Wajnberg, D. (1997). *Jardim de arabescos*. Rio de Janeiro: Imago.

Uma questão hamletiana[1]

I

Em 1979, ano de sua morte, Bion publica "Como tornar proveitoso um mau negócio", iniciando-o com uma referência à tempestade emocional, turbulência inevitável desencadeada pelo encontro de duas personalidades. E o termina dizendo que

> *a sabedoria parece ter capacidade de sobreviver mudando sua direção e reaparecendo, então, em lugares inesperados. Galeno estabeleceu as regras da observação, tornando-se autorizado, respeitável (assim como Freud é hoje) e uma autoridade indiscutível. A anatomia não era estudada pela observação do corpo humano. Mas Leonardo, Rafael e Rubens estudaram o corpo; assim, emergindo por entre os artistas, os anatomistas começaram a observar o cadáver e os fisiolo-*

---

[1] Originalmente publicado no livro *Bion em São Paulo: ressonâncias* (Casa do Psicólogo, 1997), organizado por Maria Olympia de A. F. França.

> *gistas, a mente. Irão os psicanalistas estudar a mente ao vivo? A autoridade de Freud deve ser utilizada como um empecilho ou uma barreira para estudar as pessoas? Menciona-se o rei Canuto como sendo tolo a ponto de pensar que o mar lhe obedecia, assim ele procurava demonstrar o orgulho da bajulação. O revolucionário se torna respeitável – é uma barreira contra a revolução. A invasão de um animal por um germe, ou a "antecipação" por meio de um pensamento preciso, é contrariada pelos sentimentos já possuídos. Esta guerra ainda não terminou. (Bion, 1979, p. 467)*

Em 1940, Bion publicara seu primeiro artigo, intitulado "A guerra dos nervos"; seu último artigo, publicado quase quarenta anos depois, se encerra com a afirmação de que a guerra continua.

Da mesma forma que não há Hamlet sem a guerra como pano de fundo, não se pode apreender a obra de Bion independentemente desse foco. Mais que isso, é somente por meio dele que sua leitura adquire densidade e matizes originais: a tempestade, a turbulência, a coexistência não pacífica de pares antitéticos são a invariância que permeia toda sua obra. Não à toa, portanto, a peculiar repercussão que ela tem tido no meio psicanalítico em geral – a metáfora da "invasão de um animal por um germe", tomada em seu sentido bélico, serve de forma bastante adequada para uma aproximação à compreensão do modo como seu pensamento tem sido recebido. Ou como força revolucionária e libertadora, ou como invasor a ser banido. Em nenhum dos casos fica guardado um distanciamento razoável para uma assimilação crítica de suas contribuições. O fronte parece ser seu habitat. E, nele, não há nem tempo nem história: não são todos eles iguais, na medida em que situam cada homem no limite de seu próprio tempo, radical possibilidade que são da transformação do corpo vivo em cadáver?

"Ah sim, eu morri em 8 de agosto de 1918", escreveu Bion em sua biografia. "Eu morri na *Ferme Anglaise* e eu trabalhei desde o Purgatório." "Eu não me aproximarei mais da estrada entre Amiens e Roye, com medo de reencontrar meu fantasma – foi lá que eu morri", confessa em *A memoir of the future*, referindo-se à terrível experiência por ele vivida na Primeira Grande Guerra. É daí que Bion, confessadamente, fala, é da experiência-limite de um homem no fronte de batalha, lugar e hora em que a história não tem lugar nem vez, pois tudo se resume a um conjunto de ações cujo único sentido é a preservação do próprio corpo vivo. Como escreveu Bléandonu (1990), "agir quer dizer matar e ser, e suportar quer dizer não matar e não ser" (p. 91). Neste lugar, a questão é sempre ser e não ser; é sempre hamletiana, como atesta o título de seu *Another part of a life – All my sins remembered*, tirado do último verso do famoso monólogo de Hamlet.

Se, para Freud, a questão central do ser humano é o enigma proposto a Édipo pela esfinge – "Quem é o homem, quem sou eu" –, para Bion essa mesma questão vem vestida com as cores sombrias do reino da Dinamarca, onde, ecoando a indecifrabilidade do enigma, o príncipe depara com o espectro de seu pai. "Não é mais o efeito da ausência muito prolongada do objeto que aqui é a causa da desorganização, mas seu oposto: sua presença excessiva, seu peso demasiado, seu ar por demais carregado é que torna a atmosfera irrespirável", escreveu A. Green (1985) a propósito da gênese do pensamento kleiniano, o que me serve agora para contextualizar a voracidade alucinatória: o "ar por demais carregado", aquele que "torna a atmosfera irrespirável", é aquele que existe no fronte e também aquele fabricado por quem não tolera a ausência do objeto. O vazio, o vácuo, é rapidamente preenchido com a presença do não ser – o gêmeo imaginário. Primeiro trabalho de Bion como psicanalista, *O gêmeo imaginário* já indicia este seu universo de dupla inserção.

A mulher morre ao dar à luz. Uma vida pela outra parece ser a tradução mais adequada para este universo construído por meio de pares antitéticos, em constante luta, sem síntese possível: Oriente-Ocidente, parte psicótica-parte não psicótica da personalidade, indivíduo-grupo, animado-inanimado, sensorialpsíquico, continente-contido, alucinação-pensamento.

Não surpreende, portanto, que ele não acreditasse na redenção da posição depressiva e alterasse a célebre fórmula kleiniana PS-PD (posição esquizoparanoide-posição depressiva) introduzindo nela o sinal de oscilação, o que causou uma verdadeira revolução no âmago do grupo kleiniano. Pois, se a meta de uma análise não era mais fazer com que o analisando atingisse a posição depressiva, a própria práxis estava sendo colocada em risco. Fenômeno, aliás, não de todo incomum entre os psicanalistas, na medida em que a identidade de um analista ou de um grupo de analistas pode basear-se num "precipitado transferencial" relativo à determinada teoria ou "escola".

Interessante assinalar que essa reformulação só foi possível em 1962, após a morte de Klein, quando publica *Aprendendo com a experiência* e *Os elementos da psicanálise*, ponto de origem do adjetivo bioniano, elaborando sua teoria das funções, num movimento onde o sonho ou o sonhar volta a ocupar o espaço privilegiado que tinha na teoria freudiana. Se Freud se ocupou basicamente do sonho do neurótico, Bion vai se ocupar da incapacidade de sonhar do psicótico. Aqui, a raiz de sua teoria das funções: a capacidade de sonhar, para ele, é a via régia não para o Inconsciente, mas para que exista, para que se estruture um Inconsciente enquanto tal. Da mesma forma que o bebê necessita da *revêrie* materna para desentoxicar-se dos excessos pulsionais nos quais está submerso, o psicótico necessita de um analista que seja capaz de sonhar a concreta infinitude em que se esvai, possibilitando-lhe então uma "barreira de contato", limite necessário para que ele experiencie algo como "ser no mundo", emergindo como fala, saída do aterrorizante "silêncio dos espaços infinitos" e, como forma, saída dos "espaços vazios e informes".

II

A mãe torna possível o sono do bebê: é este o fato cotidiano que Bion articula em sua teoria. Incapaz de sonhar, o psicótico fica incapacitado para estar acordado e também para estar dormindo, continua. E o psicanalista é capaz de sonhar, é capaz de *revêrie*?, perguntar-se-ia Bion. Se a psicanálise está em sua infância, em que polo da cadeia se situa o psicanalista prático, como bebê submerso em seus excessos pulsionais ou como mãe capaz de *revêrie*? Ou está mais próximo do psicótico que, incapaz de dormir e de estar acordado, produz compulsivamente um sem número de "teorias" a respeito de si mesmo e do mundo, ação cujo único sentido é a preservação de sua própria vida, sempre em risco iminente?

Está o psicanalista cônscio dos perigos envolvidos em sua atividade cotidiana? Bion coloca na boca do personagem P. A. (psicanalista) em *O passado apresentado*:

> *Mas, assim como seria impossível explicar para alguém que não tivesse participado em uma ação de guerra como é ser um soldado ou padioleiro do regimento, também é impossível descrever para alguém que não foi um analista praticante o que é experimentar psicanálise real (p. 114).*

"Ainda que a pessoa não esteja consciente dela [a contratransferência]... há um medo inerente"; "Se um psicanalista está fazendo análise de verdade, então ele está engajado em uma atividade que é indistinguível daquela de um animal que investiga aquilo que ele teme – ele cheira o perigo", continua ele.

Isso significa, para ele, que, se a psicanálise, a ciência dos sonhos, pretende continuar existindo, é fundamental que os psicanalistas revejam sua prática, isto é, se ela está mais a serviço de manobras de defesa ou de ataque, com a consequente criação de um verdadeiro arsenal prático-teórico direcionado a explodir tudo aquilo que possa ameaçar a identidade do psicanalista; ou se está a serviço de possibilitar ou acolher a palavra e o sonho do analisando. Em outras palavras, estariam os analistas intoxicados por suas práticas e por suas teorias a ponto de estarem incapacitados para exercer a função desintoxicante imprescindível para seu trabalho? Os psicanalistas têm contribuído para a vida ou para a morte da psicanálise? "Não seria terrível se o todo da Psicanálise não passasse de uma vasta paramnésia destinada a preencher o vácuo de nossa ignorância?", pergunta ele em *Turbulência emocional*.

A histérica sofre de reminiscências, escreveu Freud. O psicanalista pode sofrer de aversão a sua ignorância, pode sofrer de sua arrogante curiosidade, parece ponderar Bion de seu lugar. Se Freud escreveu alguns artigos dirigidos àqueles que se iniciam nessa impossível profissão – "Recomendações aos médicos que exercem a psicanálise", "A psicanálise selvagem", "Considerações sobre o amor de transferência" –, Bion vem sublinhar, com seus escritos, a juventude selvagem de todo psicanalista diante da mente humana, nas relações (contra)(trans)ferenciais.

Parece-me ser essa sua preocupação básica ao escrever *Aprendendo com a experiência*, *Os elementos da psicanálise*, *Transformações* e *Atenção e interpretação*, todos escritos num estilo que procura ser o menos possível intoxicado de psicanalês, num exercício de escrita que procura o máximo da abstração, quase que uma matematização. Nesta proposta, coloca também seus escritos anteriores em questão: em 1967, seus artigos psicanalíticos escritos de 1950 a 1959 são republicados – com um adendo – sob o título *Second thoughts*, um repensar sobre suas próprias bases, uma releitura crítica de si mesmo enquanto analista excessivamente intoxicado de psicanálise.

Esse é o contexto em que surgem suas elaborações sobre o pensamento e o "aparelho" de pensar: da mesma forma que cada ser humano necessita, a despeito de seus próprios desejos, desenvolver um aparelho para pensar seus pensamentos, cada psicanalista necessita desenvolver seu próprio aparelho para pensar a especificidade de sua prática. Em psicanálise, como na guerra, não há tempo para se refletir sobre o ato – só depois, se houver o "só depois"... Assim, ele cria um instrumento – A Grade – que serve para pensar a prática já ocorrida, o momento já vivido, acentuando que sua teorização se dá a partir de sua aplicação a seus registros clínicos. É claro ao dizer que não está propondo uma nova teoria, mas sim uma possibilidade que encontra para refletir no "só-depois", no repensar, a sua atividade como psicanalista. E é mais claro ainda ao dizer que essa grade serve para ele, Bion, sugerindo que cada psicanalista crie a sua própria.

Mas como em psicanálise a transferência costuma se dar também com o próprio texto escrito, com a própria teoria, a palavra escrita de Bion foi sacralizada por alguns adeptos. Resultado: sua grade, publicada como um exemplo, um modelo, passou a ocupar o lugar da grade a ser desenvolvida e criada por cada psicanalista a quem seu texto falasse. No lugar do pensamento próprio e autônomo, do pensamento que dialoga com o outro, no lugar de instrumento de liberação da escuta da outra voz, a do analisando, a grade, transformada em objeto sacro, intocável, intransformável, portanto, vem a tornar-se meta ideal de escuta, não da outra voz, mas sempre da mesma. Muitas escutas se aprisionaram atrás dessa grade.

É possível que Bion tenha percebido o tipo de uso que se fazia de sua obra, mais para o que ela não era do que para o que ela era – "O revolucionário torna-se respeitável..." –, e então sua escrita muda mais uma vez de estilo.

Após um longo período de cinco anos, considerando-se sua média anterior de um trabalho publicado por ano, ele emerge, em 1975, com uma "ficção científico-psicanalítica", a trilogia *A Memoir of the Future* (Bion, 1991), e retoma seu ritmo de publicações. Sintomaticamente, o primeiro volume da trilogia é batizado de *O sonho*. Sintomaticamente, logo depois, escreve um artigo a que dá o nome de "A grade", no qual escreve que

> *às vezes uma metáfora torna-se de tal maneira parte do inglês coloquial que ela morre – a não ser, como assinala Fowler, que seja ressuscitada pela justaposição de outra metáfora, cuja impropriedade e falta de homogeneidade transmite uma palpitação, por assim dizer, galvânica à primeira.*

Seu estilo agora é mais literário, longe, portanto, da matematização dos anos 1960. Seu passado é apresentado por meio de sua biografia *Part of a life* e *Another part of a life*. Bion continua ele mesmo. Mas preenche com mais evidência sua obra, com sua pessoa.

III

No *après-coup* da morte de seu pai, Freud inicia sua "autoanálise", a análise de seus próprios sonhos, dando origem ao pensamento e à prática psicanalíticos. O que nos situa de chofre diante do fato que, em psicanálise, tanto a atividade teorizante quanto a prática só são possíveis a partir de um mergulho daquele que aí se pretende, em si mesmo. É este o golpe do qual toda obra é o só--depois. A consequência paradoxal desse fato é que a permanência e a abrangência de uma obra se devem a sua maior ou menor contaminação com as características pessoais e, portanto, transitórias de seu autor.

Nada mais pessoal em um indivíduo que seus sonhos, que seus próprios desejos, realizados ou não, foi o ensinamento maior que nos legou Freud. O sonho exprime a maneira específica que cada indivíduo encontra para administrar seu legado pulsional, sua humanidade, sendo, ao mesmo tempo, aquilo que o identifica, que o personaliza como único dentro da espécie. O que importa é o como cada um sonha, em sua individualidade, a sua humanidade, a sua forma própria de pertinência à espécie humana. Por isso, a psicanálise é sempre a ciência dos sonhos, a sua interpretação, o seu apontamento.

Isso o sabia bem Freud, pois não há outro trabalho seu tão repensado, tão acrescido de notas, ao longo de praticamente toda a vida, quanto sua *Träumdeutung* [*A interpretação dos sonhos*], o que atesta seu constante dialogar com o próprio texto.

Se seu texto nasce com a morte de seu pai, denunciando o desejo incestuoso e parricida, ele dá seu grande salto – o famoso capítulo VII – com a análise do sonho de um pai na noite do velório do filho. De um "Pede-se fechar os olhos" para um "Pai, não vê que estou queimando?" o percurso é enorme: no primeiro, o sujeito que sonha é filho; no segundo, é pai. A distância entre uma enunciação e a outra é a distância entre as gerações. Nas duas, o órgão em questão são os olhos e a sua função, o olhar. O que significa que é o olhar, o ponto de vista de cada um, de cada geração, que vai permitir circunscrever a experiência de estar no mundo.

E o olhar freudiano é aquele que se situa no inexorável suceder das gerações. Por isso, por circular a palavra de pai para filho, ele é desvelador da sexualidade e de sua contraparte, a mortalidade. Não está, segundo ele, a genitalidade a serviço da espécie? E, por isso, por abarcar o campo geracional, histórico, ele é desvelador da cultura.

O ponto de vista freudiano, o sonho freudiano, por assim dizer, constitui o corpo humano revestido pela sexualidade – o corpo não é carne bruta, mas sim corpo erógeno, apto para transferências. É o corpo no só-depois do recalque primário, não existindo enquanto puramente físico. Por isso ele vai tratar do sonho já constituído, até 1919, quando, com os três trabalhos escritos quase que simultaneamente – "O estranho", "Uma criança está sendo espancada" e *Além do princípio de prazer* –, este revestimento erótico do corpo sofre seu irreparável corte, estabelecendo-se uma solução de continuidade com a carne bruta, com o corpo decaído, perdendo a pulsão sexual a sua primazia. A partir daí, ela depara com seu duplo, a pulsão de morte.

O sonho que vai servir de paradigma para o novo *tópos* é o sonho traumático, o sonho dos neuróticos de guerra. É o sonho que precisa ser ressonhado compulsivamente, repetitivamente, até que o Ego, criança espancada e ferida por um excesso, reconstrua sua película cicatrizante.

A partir daí, os trabalhos de Freud ganham uma tonalidade mais sombria, mas não por isso menos esclarecedora:

o masoquismo, o fetichismo, a negação, a recusa e a divisão, o *Spaltung* vêm compor o contexto daquilo que não é mais apenas *Deutung*, interpretação ou apontamento, mas também necessidade de construção. Seu trabalho, "Construções em análise", vem marcar o percurso feito desde o apontamento da existência dos sonhos e de sua interpretação até a percepção da necessidade de construí-los ou de reconstituí-los.

"Por que a guerra?", a carta aberta a Einstein, escrita em 1935, vem reavivar as questões trabalhadas em *Psicologia de grupo e análise do ego*, *O futuro de uma ilusão* e *O mal-estar na cultura*, pontuando as dificuldades de cicatrização do corpo erógeno, ao mesmo tempo que evidencia a outra face do seu ponto de vista primeiro: no suceder das gerações, há mortandades inevitáveis. Um percurso, portanto, o freudiano, que vai do indivíduo ao grupo, do corpo erógeno ao corpo ferido, porque guerreiro.

Se o olhar inicial de Freud se posicionava na sexualidade, o ponto de vista primeiro de Bion partia da guerra. Se Freud inicia seu *Além do princípio de prazer* com os sonhos traumáticos, é o próprio trauma experimentado na guerra que vai dar início à obra de Bion. Se Freud ali falava do sonho traumático como um amortecedor do excesso que inundou o Ego, Bion vai retomar esta função do sonho, continente para o excesso, não apenas no espaço intrapsíquico, mas também no espaço relacional. Se o primeiro corpo descrito por um é o corpo erógeno, pelo outro, o primeiro é o corpo guerreiro, ferido pelo excesso. Se o corpo erógeno deseja um outro corpo, o corpo guerreiro necessita de um outro corpo e de uma outra mente para cuidar de seu estilhaçamento.

É preciso uma mulher, portanto, não apenas para gestar um novo corpo, mas também para que um novo ser seja gestado. Para que o guerreiro possa ter o seu repouso – e o seu sonho. Teria sido essa a função de Melanie Klein em sua vida? Não havia sido ela a mulher que, partindo de Freud, mais havia teorizado sobre a violência e a agressividade, colorindo a sexualidade infantil?

Uma elaboração a dois, é esse o *leitmotiv* da obra bioniana até o início dos anos 1960. Jamais, depois daí, será tão evidente em sua obra o embricamento de seu pensamento com os conceitos de Klein como nestes trabalhos do "período psicótico". A partir daí, emerge seu pensamento próprio.

Mas, diferentemente de Freud, que inoculara sua primeira obra com seus próprios sonhos, o marco zero bioniano busca um alto nível de abstração, de depuração da ideia psicanalítica. É como se ele falasse a um analista puro, ideal; ou melhor, como se falasse que o psicanalista devesse atingir esse ideal, se desintoxicasse de seu excesso de ser, de seu excesso de corpo. Bion parecia pensar que o paciente poderia padecer mais de seu analista do que de si mesmo: não seriam os analistas mais iatrogênicos com seu derramamento de "compreensões" a respeito da vida mental sobre o paciente do que parceiros capazes para a construção do sonho, para a *revêrie*? Ele parecia pensar que os analistas estavam escutando mais seus próprios colegas do que seus pacientes, ou que tivessem transformado seus pacientes em território a ser conquistado numa nova guerra santa.

Quando publica *Transformações*, este seu zelo excessivo com a pureza do analista parece sofrer uma modificação significativa, já havendo aí uma teorização a respeito da contaminação inevitável do analista. O livro se inicia com a seguinte frase:

> *Suponha um pintor que vê uma picada através de um campo semeado com papoulas e que a pinte: numa das extremidades da cadeia de eventos está o campo de papoulas, na outra uma tela com pigmentos depositados em sua superfície. (Bion, 1965/1984, p. 13)*

Por meio de sua biografia, publicada em 1982, ficamos sabendo que ele era um pintor de razoável talento e que o campo de papoulas que está "numa das extremidades da cadeia de eventos" é o cenário de sua experiência mais traumática, aquela da guerra, a da estrada Amiens-Roye no 8 de agosto de 1918, onde e quando ele dizia ter morrido. "À sua esquerda, estará a estrada de Amiens a Roye, estendendo-se sempre em frente (*stretching dead straight*), sem erro possível, milha após milha. Ela é cercada de papoulas de forma que você pode ver sua direção e se posicionar por ela", dissera-lhe seu superior. Esta estrada – *stretching dead straight* – ressurge agora, transformada, metabolizada, permitindo que o psicanalista Bion teorize a respeito das transformações, rígidas, projetivas ou em alucinose que compõem, no seu modo de ver, a percepção de todo ser humano.

A partir daí, a mudança em seu estilo e também na forma de abordar as questões humanas é patente. Sua trilogia *A Memoir of the Future* aborda seus conceitos anteriores sob a forma de diálogos entre personagens que povoam o mundo comum e o mundo imaginário, alguns deles encarnações mesmas de seus conceitos. Quem aí fala não é o psicanalista ideal, mas um psicanalista que, como o primeiro de todos, vai colocando a nu seus próprios sonhos – e pesadelos.

IV

Sobrevivência assegurada, escreveu Freud (1910/1976) em *Leonardo da Vinci e uma lembrança da sua infância*, os povos começaram a se indagar de onde vieram e quem eram, dando início, só então, à história. O homem descrito por Bion não tem ainda sua sobrevivência assegurada, está sempre em vias de deixar de ser. Seu corpo, sempre em vias de fragmentação, é um corpo que se experimenta como uma quantidade infinita de buracos interligados por um fio. Ou, como teorizou Lacan, é o corpo em sua realidade, sem o espelho capaz de recobri-lo com o significante. Entre a carne bruta, não erotizada, e o cadáver, praticamente nenhuma diferença. Vicariando esta experiência insuportável, surge o domínio da alucinose.

Hamlet, o príncipe, vê diante de si o fantasma de seu pai. Por ver o que não mais existe, é louco. Por manter preenchido o lugar do Rei, continua príncipe. Um Édipo que não pode jamais se realizar, pois impossível de ser articulado na medida em que o lugar que deveria estar vazio continua indefinidamente ocupado. São os engodos do pensador: só a mentira necessita de um. Sem a vacância do lugar, sem o vazio, o símbolo não pode se constituir e consequentemente não há nenhuma possibilidade para que o enigma se articule por meio da pergunta "Quem sou eu?", restando apenas a possibilidade hamletiana, "ser ou não ser", diante do crânio descarnado de Yorick.

Quando Freud sonha com a inscrição "Pede-se fechar um olho", o que está latente é que o corpo do pai morto não pode ser olhado, visto. O significante primeiro, o Pai, só pode ser contemplado em vida. A carne bruta só pode ser observada quando envolta pelo significante, senão há risco de uma catástrofe mental. Não olhar para a nudez do Pai é o alerta que permite que a representação do corpo continue erotizada. Desrespeitar essa inscrição é perder a possibilidade de representação com consequente perda do si mesmo no sensório, no corpo decaído de sua humanidade.

Foi ao olhar arrogante, ao olhar que teima em desvelar a nudez do corpo, que Bion dirigiu o seu próprio. Por isso, dizia que cabe à mãe introduzir, apresentar o pai a uma criança. Sua visão deve vir atenuada, erotizada pelo envoltório materno. O Pai, a divindade que é "noite escura", necessita da intermediação do número três ou do Édipo para ser contemplada. Não à toa, portanto, Leonardo, Rafael e Rubens foram necessários para o estudo do corpo humano, como que a mostrar que só a mais sublime capacidade artística serve de compensação ao pânico provocado pela carne bruta, animal.

A resposta mais natural às angústias provocadas pelas oscilações entre os sentimentos de ser ou não ser é transformar o pânico vivido em respeitabilidade. Se o psicanalista não tolera as oscilações identitárias vividas no encontro com seu paciente, ele reagirá com uma melancólica identificação a uma autoridade de seu panteão pessoal ou de seu grupo e, no lugar de seu nome, situará o nome de um outro, agora adjetivado. Impossibilitado de ser psicanalista porque incapaz de fazer seu luto, submerge, melancolicamente, nesta guerra.

Referências

Bion, W. R. (1965/1984). *Transformações*. Rio de Janeiro: Imago.

Bion, W. R. (1979). Como tornar proveitoso um mau negócio. *Rev. Bras. Psicanál., 13*, 467-478.

Bion, W. R. (1982). *The Long Week-End 1897-1919: Part of a Life*. Abingdon: Routledge.

Bion, W. R. (1985/1991). *All My Sins Remembered: Another Part of a Life & The Other Side of Genius: Family Letters*. Abingdon: Routledge.

Bion, W. R. (1991). *A Memoir of the Future*. London: Karnac Books.

Bléandonu, G. (1990). *Wilfred Bion: La Vie et L'Oeuvre: 1897-1979*. Paris: Bordas.

Freud, S. (1910/1976). *Leonardo da Vinci e uma lembrança da sua infância* (Vol. 11, Edição Standard Brasileira das Obras Psicológicas de Freud). Rio de Janeiro: Imago.

Green, A. (1985). Trop c'est trop. In J. Gammil (Ed.), *Melanie Klein Aujourd'Hui* (pp. 93-103). Lyon: Césura Lyon.

Sandler, P. C. (1988). *Introdução a "Uma Memória do Futuro"*. Rio de Janeiro: Imago.

Shakespeare, W. (1981). Hamlet, príncipe da Dinamarca. In W. Shakespeare, *Romeu e Julieta; Macbeth; Hamlet, Príncipe da Dinamarca e Otelo, o Mouro de Jêneza*. São Paulo: Abril Cultural.

O divã e a Medusa: breves considerações sobre a natureza das fronteiras na instituição psicanalítica[1]

Medousa, particípio presente feminino do verbo grego *medõ*, que significa regular, medir, conter dentro da justa medida, é o nome da única das Górgonas, habitantes das regiões subterrâneas na fronteira da Noite que "sofreu o funesto, era mortal" (Mezan, 1990, p. 468). Criatura horrenda de cuja cabeça pendiam serpentes e cuja garganta emitia um grito agudo, "aquele mesmo que no além--túmulo emitem os mortos de Hades" (Ovid, *Metamorphoses*), a Medusa só se apresentava de frente, só era frente e transformava em pedra, petrificava todo aquele que com o seu olhar se cruzasse. Para decapitá-la, foi necessário que Perseu usasse de um estratagema, olhando-a através de seu reflexo em seu escudo.

Para Vernant (1988), a Medusa surge como a face sombria, o avesso sinistro, como se tivesse deixado nosso rosto, só tivesse se separado de nós para se fixar à nossa frente como nossa sombra ou nosso reflexo, sem que possamos nos livrar dela. Ela surge como o

---

[1] Trabalho oficial do Pré-Congresso Didático Internacional, realizado em Buenos Aires, Argentina, em julho de 1991. Originalmente publicado na *Revista IDE*, v. 21, 1991.

Outro, o nosso Duplo, o Estranho, comportando em seu insólito e em sua estranheza o masculino e o feminino, o jovem e o velho, o belo e o feio, o humano e o bestial, o de dentro e o de fora, o vivo e o morto. E, por isso mesmo, regulante, dando por meio do medo primário a justa medida de nossa transitoriedade.

Sua cabeça decepada – agora já com frente e verso – foi depositada, de face voltada para baixo, no solo cuja dureza foi amenizada com um ninho de folhas e algas marinhas.

Já em nosso século, ultrapassando as fronteiras da Noite pela via régia dos sonhos, Freud percebeu o quão terrível pode ser a visão da face humana e recomendou que se deitasse o analisando em um divã – o seu próprio, forrado de tapetes orientais, era bem macio –, de modo a possibilitar que o par analista-analisando transitasse pelas fronteiras do Outro de cada um e vivenciasse o caos interno, resguardando-se, se possível, do mal maior: a petrificação. No artigo "A cabeça da Medusa" (Freud, 1920-1922/1996), ele associou o terror da Medusa ao terror da castração e a petrificação a uma ereção masculina, formação reativa à castração a que todos nós estamos submetidos.

Eu diria que, ante a face terrível de nossa castração primeira, encarada diariamente em nossa atividade clínica, nós nos impusemos, como escreveu Weinshell (1982), "uma grandiosa aspiração: tomar parte no governo para educação em psicanálise", isto é, realizar as três profissões que Freud chamou de impossíveis. E ainda temos nos imposto a tarefa de encontrar a "justa medida" para esta grandiosa realização.

As metamorfoses que caracterizam o fenômeno animado, sendo a mais radical delas "o retorno ao inanimado" (Freud, 1920-1922/1996), são apreendidas em toda sua força a cada momento da sessão psicanalítica, ferindo, reiterada e profundamente, o narcisismo de cada um de seus participantes, deixando cruamente exposta a precariedade da situação mental humana. Se duas pessoas são necessárias e imprescindíveis para uma aproximação ao objeto psicanalítico, elas não são suficientes para contê-lo, pois é da sua natureza virulenta a expansibilidade e a irradiação em cadeia e, portanto, a impossibilidade de ser aprisionado, seja no tempo, seja no espaço. Como o Caos, que é paradoxalmente a ausência de todos os meios e o formador de todos eles, o objeto psicanalítico, ao se manifestar – e sua manifestação se dá no ato de ultrapassar as fronteiras –, expande-se promovendo uma desorganização no *establishment* e, como reação a essa desorganização, uma outra reorganização.

Todo aquele que entrar em contato com este objeto, seja na privacidade de seu consultório, seja em outra situação da vida cotidiana, absorve um excesso, uma desorganização em excesso que induz uma descarga, uma trans-ferência. Talvez pela peculiaridade de sua natureza, algumas pessoas são compelidas a trans-ferir esse excesso de forma a constituir grupos que se denominam psicanalíticos, os quais trazem, portanto, em sua própria origem, a necessidade de servir de continente para esse excesso, esse "a mais" que extravasa a relação bi-pessoal analista-analisando. Assim, as fronteiras da relação de Freud e Fliess foram ultrapassadas e a clínica de Freud, contaminada; e se expandiu, estruturando o círculo das quartas-feiras, embrião da Associação Psicanalítica Internacional. Kernberg (1986), utilizando-se de uma analogia com a energia nuclear, afirmou que o processo psicanalítico libera algo como produtos radioativos cujos efeitos se fazem sentir no meio fechado das instituições psicanalíticas.

Eu proponho que pensemos nas próprias instituições psicanalíticas como um dos efeitos desse *fall out*, desse excesso desorganizador, liberado pelo processo psicanalítico, acentuando como um dos aspectos fundantes da instituição a incapacidade do psicanalista de conter a psicanálise em sua clínica. Não se trata de forma alguma de encarar a instituição como um mal, ou como um *acting-out*, mas sim de observá-la e observar os fenômenos que nela se estabelecem da perspectiva mais natural, eu penso, pois mais de acordo com sua natureza reativa a manifestação do objeto psicanalítico, situando-a, portanto, para além das fronteiras de sua função de formadora de novos psicanalistas.

Cronicamente, em crise, a instituição se criou e se recria às expensas da mudança catastrófica (como é possível ver em Bion) a que está sujeita toda personalidade viva e em desenvolvimento e, refletindo as ansiedades catastróficas de cada um de seus componentes, transforma-se no meio mesmo, para além da análise didática, de elaboração daquele excesso que transborda os limites da relação analítica. Ela é, enfim, o nosso reflexo sombrio no espelho, a nossa máscara. O duplo, não de nosso Ego Ideal, mas do nosso estranhamento diante da nossa precariedade diante do universo mental, apresentando-se a nossos olhos, ao mesmo tempo, poderosa e fraca, protetora e necessitada de proteção, familiar e desconhecida, caótica e fossilizada, perene e agonizante.

Não é à toa, portanto, que as questões narcísicas – o narcisismo do analista – sejam, com as questões relacionadas ao Poder, as mais sublinhadas em toda a bibliografia que trata da problemática institucional psicanalítica. Pois a instituição se funda, em grande parte, às custas do narcisismo ferido de cada psicanalista em sua prática diária, pelo impacto sofrido ao deparar tanto com sua real impotência comparada ao seu desejo de Poder, quanto com a sua real penúria contraposta ao seu desejo de assenhorar-se, de apropriar-se da psicanálise.

Já em 1948, no primeiro trabalho a abordar profundamente o sistema do treino psicanalítico, Balint (1948) foi capaz de denunciar as questões mais relevantes no que diz respeito aos problemas da formação psicanalítica e a rigidez das fronteiras nela existentes: a) uma atmosfera institucional supercarregada emocionalmente e impregnada pelas cerimônias primitivas de iniciação, com os didatas e a Comissão de Ensino por um lado, como portadores de segredos sobre o nosso esotérico saber e dogmatismo expresso sobre as necessidades institucionais, e, por outro, os candidatos, portadores de uma submissão e aceitação, sem muito protesto a um tratamento autoritário e dogmático; b) o proselitismo das escolas de pensamento, com seus componentes "trabalhando duro" no sentido de conseguir mais candidatos para si mesma, "educando--os" para serem seguros, fiéis e confiáveis seguidores; e c) infantilização do candidato, por meio de um enfraquecimento de suas funções egoicas com a formação ou fortalecimento de um tipo especial de Superego. Desde então, muitos são os trabalhos que vêm focando, cada um a seu modo, as questões por ele levantadas, ampliando o espaço crítico e reflexivo sobre a instituição. Assim, está quase desaparecendo, em nossos institutos, a análise didática *reporting* (Aulagnier, 1969, Kernberg, 1986, Shapiro, 1974, Weinshell, 1982) e, em outros, questiona-se a própria análise didática (Cabernite, 1982). Fala-se de institutos mais abertos e mais fechados (Sandler, 1982, Cabernite, 1982, Kernberg, 1986), o que mostra, sem dúvida, que tem havido um grande empenho por parte dos analistas seniores no sentido de melhorar a formação psicanalítica e a própria instituição.

No entanto, persiste, com grande intensidade, uma preocupação geral com o futuro da psicanálise, como se estivéssemos sempre ocupados com a preocupação inicial de Freud, a sobrevivência da sua criação. Estamos nós preocupados com o futuro ou pós--ocupados com o passado? Ressalta aos olhos, pressionados que somos em nosso trabalho diário pela fronteira inexorável dos cinquenta minutos, que nos ocupemos tanto em nível institucional com o nosso prolongamento no tempo, com o futuro, com a perpetuação do método. O que põe em evidência, mais uma vez, a meu ver, que não são nada desprezíveis as descobertas de Freud sobre a força da polaridade Sexualidade e Morte, refletindo-se na instituição psicanalítica de forma direta.

Limentani (1974) escreveu que "a formação institucional é provavelmente a antítese da análise; em circunstâncias ideais ela produz um grau de infantilização que poderia esconder o processo de individuação e maturação promovido pela análise", e perguntou: "Por que candidatos não são mais rebeldes? Teríamos nós criado organizações que promovem uma artificial aceitação passiva nos candidatos?". Eu penso que há um problema na forma como ele colocou os problemas que, aliás, está presente na maioria dos trabalhos que tratam da problemática da formação: o sujeito da frase "Teríamos nós criado..." somos nós, os didatas, donde a responsabilidade sobre a criação da instituição recai sobre o didata, o analista sênior, o que implicitamente esvazia a denúncia da infantilização do candidato, pois reafirma o poder do didata.

Se focarmos a questão da perspectiva da precariedade que todos vivemos diante da situação mental humana, tiraremos a artificialidade da divisão didata e candidato no que diz respeito a quem tem o poder de criar a instituição. Não é nem um pouco desprezível – e é do conhecimento de todo analista praticante – o poder que o analisando tem e a pressão que ele exerce no sentido de o seu analista atuar em suas próprias fantasias onipotentes, diante do desamparo vivido na situação analítica. Se os candidatos não são mais rebeldes e se os didatas, com frequência, aparecem manifestamente na instituição como os detentores do poder científico e administrativo, poderá ser muito útil considerar o problema da fronteira rígida entre um com mais poder e outro com mais desamparo, da perspectiva de um conluio para a preservação de fantasias narcísicas tanto de um quanto do outro, com consequente evasão ante a real fragilidade de todos. Pois, dentro desse contexto, a divisão entre didatas e candidatos não expressa a fronteira natural entre o mais e o menos experiente, servindo apenas de suporte ao *acting-out* de fantasias onipotentes. Não será o alongamento geral das análises, bem como seu "aprofundamento", uma manifestação desse conluio? É interessante notar que muitos candidatos querem estender para sempre sua formação, prolongando assim seu "incômodo" *status* de candidato. Não seria a infantilização do candidato provocada por fantasias inconscientes de prolongar sua vida? Da mesma forma, o didata, ao acentuar a inexperiência ou a pouca capacidade do candidato, não estaria, contraidentificado com o poder institucional, negando o fato de que ambos não são mais tão jovens, nem tão potentes? A psicanálise é uma ciência jovem, mas nós, psicanalistas, não. A atemporalidade do Inconsciente exerce um fascínio irresistível em cada um de nós que temos a hora de cinquenta minutos cotidianamente nos relembrando que nossa vida é curta.

Fronteiras estabelecem-se natural e inconscientemente evidenciando a necessidade humana de ordenar seu próprio caos interno. O mais relevante são os efeitos e as consequências sofridas por cada um na ultrapassagem dessas fronteiras, ou *caesuras*.

Conta-nos Ovídio que, ao entrarem em contato com a cabeça decepada da Medusa, as algas imediatamente adquiriram uma consistência rígida, pétrea, sendo essa a origem do coral que endurece ao ser transportado de seu habitat natural, o mundo submarino, para o meio aéreo. O risco da petrificação é o que correm tanto a psicanálise quanto a instituição psicanalítica nas inúmeras *caesuras* a que naturalmente estão submetidas: da passagem da fala do analisando para a fala do analista, da fala do analista para o trabalho teórico e conceitual, da relação bi-pessoal analista-

-analisando para a relação grupal e institucional e, fechando o círculo, dos institutos de psicanálise para a clínica psicanalítica.

O quanto a psicanálise mantém a fluidez e a fluência de sua natureza original ou o quanto se enrijece e enrijece o novo habitat depende da capacidade de tolerância de cada psicanalista e de cada instituição à sua fluência e às suas metamorfoses em contraposição ao desejo de retê-la, possuí-la, aprisioná-la, exercer influência.

Exemplos desse último sentido têm sido razoavelmente frequentes em nosso meio: de tempos em tempos, emerge um grupo que se sente o portador da verdadeira psicanálise, trazendo para si a missão religiosa de influenciar ou higienizar o ambiente a sua volta. Também não têm sido raros os divãs que adquirem o estatuto de verdadeiras alfândegas ou postos de imigração, fornecedores que são de passaportes ou salvos-condutos para a passagem das fronteiras dentro da instituição.

Devemos estar atentos para não mimetizar estes divãs reguladores nem as missões jesuítas, enrijecendo tanto o significado de ser, dentro da instituição, um psicanalista com funções didáticas quanto o de ser um analista iniciante com funções de candidato, em detrimento do significado mais profundo de ser psicanalista: um indivíduo que, pressionado pela sua própria natureza curiosa, reage fascinado e atemorizado à sua sexualidade e à sua mortalidade, demarcando espaços transitáveis e intransitáveis em seu universo mental. Como o pequeno Hans que, curioso com o crescimento da barriga de sua mãe, atemorizado pela visão das bacias cheias de sangue e pressionado pelo nascimento de sua irmã Hanna, confessou: "Eu tenho medo de que ela [sua mãe] me largue e que minha cabeça mergulhe".

Do sangue da cabeça decepada da Medusa nasceu Pégaso, o cavalo alado. Um cavalo foi o objeto fóbico daquele menino que, angustiado com o enigma de sua vida e, portanto, com sua castração, achava mais útil conversar livremente com o "Professor" que com seus pais, os quais, assustados com a própria fertilidade, se escondiam atrás das teorias do mesmo Professor, tentando regular, medir, conter na justa medida sua tarefa de educar.

Referências

Aulagnier, P. (1969). Societés de Psychanalyse et Psychanaliste de Societé. *Topique, 1*, 7-46.

Balint, M. (1948). On the Psychoanalytic Training System. *IPJA, 29*(3).

Cabernite, L. (1982). The selection and functions of he training--analyst in Analytic Training Institutes. *Latin American. JRPA, 9*, 398.

Freud, S. (1909/1996). *Análise de uma fobia de um garoto de cinco anos* (Edição Standard Brasileira das Obras Psicológicas Completas de Sigmund Freud, Vol. 10). Rio de Janeiro: Imago.

Freud, S. (1920-1922/1996). *A cabeça da Medusa* (Edição Standard Brasileira das Obras Psicológicas Completas de Sigmund Freud, Vol. 18). Rio de Janeiro: Imago.

Freud, S. (1920-1922/1996). *Além do princípio de prazer* (Edição Standard Brasileira das Obras Psicológicas Completas de Sigmund Freud, Vol. 18). Rio de Janeiro: Imago.

Giovannetti, M. de F. (1990). Investigação e ensino da psicanálise. In 18º Congresso da Fepal. Rio de Janeiro.

Giovannetti, M. de F. (1986). Um tempo precioso. *IDE, 13*.

Girard, C. (1982). Les débuts de la formation psychanalytique: des pratiques à une méthode. *Rev. Franç. Psych., 5*.

Greenacre, P. (1966). Problems of Training Analysis. *PA*, *335*, 540-567.

Hamer, C., & Franco Filho, O. M. (1985). As estruturas institucionais psicanalíticas e seus efeitos sobre a formação do analista: linhas de poder e ideologias pedagógicas. *Rev. Bras. Psic.*, *19*, 269.

Hesíodo (1986). *Teogonia de Hesíodo*. São Paulo: Roswitha Kempf (Estudo e tradução por J. Torrano).

Kernberg, O. F. (1986). Institutional Problems of Psychoanalytic Education. *JAPA*, *34*(4), 799-834.

Lafer, M. C. N. (1990). Os trabalhos e os dias. São Paulo: Iluminuras.

Limentani, A. (1974). The training analyst and the difficulties in the training psychoanalytic situation. *IPJA*, *55*, 71.

Mezan, R. (1990). A Medusa e o telescópio ou Vergasse 19. In A. Novaes (Org.), *O Olhar*. São Paulo: Companhia das Letras.

Ovid. *Metamorphoses*. Penguin Classics.

Sandler, A. M. (1982). The selection and function of the training analyst in Europe. *IRPA*, *9*, 386-398.

Shapiro, D. (1974). The training setting in training analysis: a retrospective view of the evaluative and reporting role and others "hampering" factors. *IJPA*, *55*, 297.

Szasz, T. (1958). Psycho-analytic training: a socio-psychological analysis of its history and present status. *IJPA*, *39*(6), 598-613.

Vernant, J. P. (1988). *A morte nos olhos*. Rio de Janeiro: Jorge Zahar.

Weinshell, E. (1982). The functions of the training analysis and he selection of the training analyst. *IRPA*, *9*, 381.

Sobre a natureza e a função do currículo na formação analítica[1]

Em 1926, Freud escreve e publica *A questão da análise leiga*, cujo subtítulo é "Conversações com uma pessoa imparcial", texto no qual vai descrevendo a um interlocutor imaginário o que é a psicanálise, o que é um psicanalista e o porquê da especificidade da formação psicanalítica. Naquele momento, dizia ele haver dois institutos de formação, um em Berlim e outro em Viena, e um terceiro prestes a ser inaugurado, em Londres. Naqueles lugares, "os candidatos à formação eram submetidos à análise, recebiam instrução teórica mediante conferências sobre os assuntos que eram importantes para eles e desfrutavam da supervisão de analistas mais velhos e mais experimentados" (Freud, 1926/1972, p. 258) e que

> *se – o que pode parecer fantástico hoje em dia – alguém tivesse de fundar uma faculdade de psicanálise, nesta teria de ser ensinado muito do que já é lecionado pela*

---

[1] Trabalho apresentado na Sociedade Brasileira de Psicanálise de São Paulo (SBPSP) em maio de 2010. Originalmente publicado no *Jornal de Psicanálise*, v. 43, n. 79, 2010.

> *escola de medicina: juntamente com a psicologia profunda, que continua sempre como a nossa principal disciplina, haveria uma introdução à biologia, o máximo possível de ciência da vida sexual e familiarização com a sintomatologia da psiquiatria. Por outro lado, a instrução analítica abrangeria ramos de conhecimentos distantes da medicina e que o médico não encontra em sua clínica: a história da civilização, a mitologia, a psicologia da religião e a ciência da literatura. (p. 278)*

Estava aí colocada, de forma simples e direta, a importância e a natureza do famoso tripé da formação psicanalítica, que vem desempenhando papel central, não apenas na formação dos analistas desde então, mas também, e principalmente, nas ferrenhas lutas internas nas mais variadas instituições psicanalíticas desde então. Ultimamente, de uns quinze anos para cá, tem-se falado de uma quarta perna, o clima institucional, mas, no meu modo de ver, ele é apenas decorrente do modo como cada um dos pés originais é tratado e experienciado dentro de cada instituição específica, isto é, do balanço que se dá entre análises de formação, supervisões e seminários teóricos clínicos. Se há uma ênfase em qualquer um dos elementos anteriores, o equilíbrio da edificação se altera, com consequências nefastas seja para a formação do analista, seja para a instituição.

Se examinarmos atentamente o tripé básico da formação, nos daremos conta de que ele se compõe de duas partes privadas – análise e supervisão – e uma pública – os seminários teóricos e clínicos. E é justamente essa coexistência entre privado e público que dá o tom especial e único da formação do psicanalista, definindo, de algum modo, o lugar do psicanalista como este *topos outopos*,[2]

---

2 *Topos outopos*, em grego, significa algo como um "lugar fora do lugar".

um lugar terceiro, por assim dizer, um lugar instável, uma "terceira margem do rio".[3] Se a análise e a supervisão são por excelência o lugar das transferências, elas podem muito bem servir como facilitadoras das estabilizações transferenciais dentro das instituições; os seminários clínicos e teóricos, por se situarem no registro da *pólis* e não do *oikos*,[4] carregam em si o potencial interpretante daquelas cristalizações transferenciais inevitáveis em toda análise e em toda supervisão. Pois, mais do que as diversas correntes teóricas, são esses restos transferenciais que, sombreando melancolicamente cada analista dentro de sua instituição, são os responsáveis maiores pelas criações de subgrupos totêmicos dentro dela. Para além das ideias em questão, sejam elas as de Freud, Klein, Bion, Winnicott ou Lacan, o organizador das fratrias dentro da instituição psicanalítica é o resto transferencial que imanta, de modo melancólico e fetichizante, a figura de determinados analistas dentro da instituição. Sacralizados, revestidos com o mana sagrado e elevados à categoria de "pais da horda", um conluio místico se estabelece entre cada um desses analistas e os demais componentes de seu grupo. Como se dá essa consagração? Por uma potencialização grupal dos restos transferenciais de cada análise e supervisão pessoal. Há sempre uma transferência em jogo na eleição de qualquer pensador. Se analista e analisando desenvolvem essa transferência para com o mesmo autor, seja ele Freud, Klein ou Bion, ficará sempre um resto transferencial ininterpretável nessa análise que se propaga para fora do *setting* analítico e para dentro da instituição. A submissão, neste caso, passa sempre pela análise interminável – aquela em que a transferência pessoal é intensificada, e não interpretada (que se inicia na análise de formação e continua em posteriores

---

3 "Terceira margem do rio", usada aqui no sentido de um lugar intermediário, instável... Título de um conto de João Guimarães Rosa (1994).
4 *Oikos*, em grego, significa o espaço doméstico, contrapondo-se à *pólis*, o espaço público.

reanálises) –, tendo como consequência nefasta a criação de espaços apolíticos dentro da *pólis* institucional, pois sua força organizadora e constituinte é totêmica e, portanto, pré-histórica.

É aí que o currículo exibe sua máxima importância dentro do tripé, não apenas por seu caráter interpretante das transferências privadas, mas também pela sua natureza democrática e legisladora. Ao contrário das análises e das supervisões, é o currículo da formação que, definindo por escrito o estatuto de inserção de cada analista dentro da instituição, vai situá-lo numa relação não doméstica com seus pares. Por ser a única expressão pública, *i.e.*, reflexo da instituição como um todo, ele funciona para o instituto assim como a ágora funcionava para o cidadão de Atenas. Ao definirmos um currículo de formação, necessitamos ter em mente até onde ele é favorecedor ou dificultador de um pensamento crítico, democrático e não religioso, o pensar psicanalítico por excelência – que é o único que remete ao lugar originário da psicanálise e, por isso mesmo, possibilitador de sua refundação.

"O que deve ser de leitura e estudo obrigatórios e o que deve ser optativo numa formação psicanalítica?" é a pergunta que está no âmago das considerações de todo instituto de psicanálise e à qual cada um dá uma resposta segundo seu momento histórico. Pois a "tradição" é sempre "carregada" pelo momento histórico em que ela é considerada. Eu não pesquisei para este trabalho as transformações curriculares que ocorreram desde a primeira formatação (no Instituto de Berlim, creio eu) ao longo destes quase cem anos de existência dos institutos de psicanálise da IPA, mas penso que isso deva ser bastante esclarecedor para se pensar algo como a "história da formação do psicanalista". Mas participei de sete comissões de ensino em nossa instituição, numa delas, como secretário e, em outra, como diretor, além de ter tido várias participações e funções dentro da IPA em assuntos relacionados à formação nestes últimos vinte anos, tendo feito parte da comissão de ensino dirigida por Sonia Azambuja, que pensou e elaborou o nosso atual currículo. Naquele momento histórico, se bem me lembro, o que mais pesou para que se chegasse à atual formatação foi a ideia de um currículo que abrigasse as diversas tendências já existentes em nosso grupo psicanalítico – a nossa tradição, por assim dizer – e que também deixasse um espaço aberto, um espaço potencial, para aquilo que ainda não estivesse articulado ou ainda não pensado. E que, sobretudo, estimulasse cada analista em formação a construir de forma singular seu percurso. Também foi essencial uma queixa onipresente dos candidatos de então: a de que os estudos de Freud vinham sendo colocados em segundo plano, se não na letra, na forma em que eram tratados. Freud parecia ser a única unanimidade, por isso, obrigatório, em uma extensão considerável. Será que, quinze anos passados, há alguma mudança nesse sentido?

Também vi com muito bons olhos a ampliação feita pela comissão de ensino da diretoria de Nilde Parada Franch, a que se deu o nome de "formação continuada". Não apenas pelo fato de "dar abrigo" àqueles candidatos que viviam numa "zona de exceção", mas fundamentalmente por se colocar como cifra da ideia de que um psicanalista não termina nunca de se formar. Ideia que deve ser levada em sua radicalidade, penso eu. Como realizar isso? Hoje penso que há dois outros eixos temáticos que deveriam ser obrigatórios numa formação psicanalítica, que não serão fáceis de serem realizados, mas é essencial que neles pensemos, como grupo formador. O primeiro seria um estudo crítico da história dos conceitos psicanalíticos e de seus autores nestes últimos cem anos. Aqui caberia uma reflexão a respeito das migrações dos conceitos seja no tempo, seja nas variadas escolas, em decorrência das cristalizações transferenciais que naturalmente ocorrem em qualquer grupo. Pois, como escreveu Terry Eagleton (1981) interpretando

Walter Benjamin, importante crítico contemporâneo, em seu livro *Towards a revolutionary criticism*:

> *O que é transmitido pela tradição não são "coisas" e muito menos "monumentos", mas situações – não artefatos solitários mas as estratégias que os constroem e os mobilizam. Não é que nós constantemente reavaliemos a tradição; tradição é a prática de incessantemente ir escavando, curando, violando, descartando e reinscrevendo o passado. (p. 59)*

O importante livro de Roustang (1976/1987) *Um destino tão funesto*, bem como as reflexões de Piera Aulagnier (1969/1990) em "Sociedades de psicanálise e analistas de sociedade", poderiam servir de operadores de referência neste sentido. O outro eixo implicaria ressituar a psicanálise no seu lugar originário, isto é, em seu campo natural e dialógico com as demais humanidades, como definiu Freud no texto citado. Pois, se a delimitação do campo de qualquer saber possibilita um aprofundamento de seu conhecimento, ele traz consigo sérios riscos. Num mundo que se mostra cada vez mais complexo, parece-me evidente que a formação do psicanalista deve apontar sempre para a contemporaneidade, pois só se faz psicanálise no presente. O psicanalista só existe enquanto tal se é contemporâneo e para ser contemporâneo, precisa estar em contato, não apenas com a fala e o pensamento de outros analistas, mas, como fez Freud, em diálogo constante com a literatura, com a filosofia, com a antropologia e também com as neurociências. Enfim, ser uma pessoa inserida no cotidiano do mundo, isto é, na cultura. Se não temos em nosso quadro docente colegas que sejam capazes de coordenar seminários nessas áreas, o instituto poderia fazer parcerias com a universidade, seja trazendo *experts* nelas, seja abrindo a possibilidade de o analista em formação participar de cursos dentro da universidade. Seria, em última instância, quase levar ao pé da letra a ideia freudiana de que ser psicanalista é se arriscar na e pela impossibilidade.

Referências

Agamben, G. (2009). Che cosa è Il contemporâneo? In G. Agamben, *Nudità*. Roma: Nottetempo.

Aulagnier, P. (1969/1990). Sociedades de psicanálise e analistas de sociedade. In P. Aulagnier, *Um intérprete em busca de sentido* (Vol. 1, pp. 59-100). São Paulo: Escuta.

Eagleton, T. (1981). *Towards a revolutionary criticism*. Norfolk: Thetford Press Limited.

Freud, S. (1926/1972). A questão da análise leiga (Edição Standard Brasileira das Obras Psicológicas Completas de Sigmund Freud, Vol. 20). Rio de Janeiro: Imago.

Rosa, J. G. (1994). *Ficção completa* (Vol. II, pp. 409-413). Rio de Janeiro: Nova Aguilar.

Roustang, F. (1976/1987). *Um destino tão funesto*. Rio de Janeiro: Taurus.

O que é um psicanalista?[1]

No Congresso Internacional de Psicanálise, realizado em Nice, em julho de 2001, quando se discutia na reunião de presidentes as diferenças entre psicanálise e psicoterapia psicanalítica – discussão que já vem nos ocupando a todos há um sem-número de anos e que me parece tomar sempre o rumo de uma luta entre supremacias escolásticas, interminável, portanto –, sugeri que, se mudássemos a ênfase e nos propuséssemos a discutir o que é um psicanalista, talvez fosse possível caminharmos um pouco mais livremente neste tão explosivo terreno. Pois se quase sempre podemos questionar a partir de uma determinada inserção escolástica os rumos de uma determinada análise e, consequentemente, o enfoque que um determinado analista dá em um determinado material clínico, não sendo incomum até mesmo ouvirmos algo como "Isso não é análise", é muito mais difícil escutarmos que determinado colega não é um psicanalista. Para além das divergências escolásticas, portanto, está a qualificação ou a qualidade de psicanalista.

---

[1] Artigo originalmente publicado na revista *Ornicar? Revue du Champ Freudien*, n. 51, 2004.

Deixando de lado as questões de hierarquias institucionais como as que se referem à categoria ocupada por um colega, se analista formado ou em formação, restam apenas as avaliações que ele recebe, seja pela qualidade de seu trabalho, seja por questões de natureza transferencial, como bom ou mau analista. Em outras palavras, um analista é sempre capaz de reconhecer um outro analista, sem que, para isso, tenham que necessariamente partilhar dos mesmos pontos de vista teóricos ou clínicos. Na pior das situações, eles se tratam como sendo de raças diferentes, exercendo entre si toda gama de preconceitos raciais: desde a divisão em castas até a impossibilidade de pertencer às mesmas associações, não podendo, portanto, miscigenar suas linhagens. Sendo o outro, o diferente, reconhecido como psicanalista desde que a questão envolvida não seja a da perpetuação da espécie. Pois, aqui, no que diz respeito à formação, a interdição totêmica mostra toda sua força.

Pelo menos parece ser esse o estado de coisas nas sociedades psicanalíticas desde as excomunhões primeiras, aquelas que se deram nos tempos de Freud, brilhantemente abordadas por Roustang (1979) em seu livro *Un destin si funeste*. Não se questionando o nome, o substantivo "psicanalista", o questionamento recai sempre sobre o adjetivo: freudiano, kleiniano, winnicotiano, hartmanniano, bioniano, lacaniano. Seja mais explícita, seja apenas implicitamente, os diferentes totens vão estabelecendo seus tabus quase sempre baseados nas diversas redes transferenciais existentes em cada um deles, na maior parte das vezes acobertadas por menores ou maiores diferenças conceituais. A cisão dos anos 1960 da IPA com Lacan provocou tanto barulho que serviu muito bem para sombrear, de alguma forma, as mais diferentes linhas de fratura que já existiam e continuam existindo dentro de cada sociedade psicanalítica no que diz respeito a essa mesma lei totêmica, em cuja base está a questão da legitimidade do legado freudiano, com as guerras mais veladas ou mais declaradas entre os vários grupos basicamente se nutrindo da fantasia de quem é que ficou com a melhor parte do Pai, no banquete totêmico que se seguiu à sua morte. O grupo que conseguir provar que é o detentor do cobiçado feito terá atestada sua superioridade ante os demais...

O interessante nisso tudo é que se trata de um fenômeno de grupos – a lei totêmica diz respeito a fratrias –, deixando sempre de lado a identidade do indivíduo. Por isso, nenhum psicanalista deixa de reconhecer um outro psicanalista como um semelhante. Do ponto de vista da "análise do ego", para nos referirmos ao seminal trabalho de Freud, as diferenças não são tão intransponíveis como aquelas advindas do ponto de vista da "psicologia das massas". Portanto, um psicanalista é, de algum modo, aquele indivíduo cuja transferência para com o texto freudiano se mantém, de uma forma ou de outra, para além da transferência posterior com seu analista ou com seu mestre segundo, o líder de seu subgrupo de inserção. Assim, esse resto transferencial primeiro é aquilo que torna o reconhecimento possível no registro individual. E é também ele o responsável pelas rivalidades entre as várias fratrias componentes do agrupamento maior: quem será o novo líder, o detentor da última palavra, o Pai da Horda, parece ser a fantasia propulsora dos vários subagrupamentos de psicanalistas, para muito além das diferenças conceituais e de referenciais teóricos, tomados quase sempre como escudos ou pretextos.

Sendo o texto freudiano o traço originário demarcador da identidade psicanalítica, é a ele que devemos recorrer para tentar compor um rastreamento dessa matriz identitária, percorrendo-o em sua letra, em seu espírito. Não a seus pés nem ao pé de sua letra. Percorrê-lo em seus desvãos, em suas voltas, em seu retomar--se constante sobre si mesmo, em seu redizer-se, em seu desdizer-se, em seu contradizer-se, em seu reformular-se, em seu reafirmar-se. Percorrê-lo em sua capacidade única de mimetização do objeto de seu estudo nos seus diferentes avatares. Mais que em sua metapsicologia, em sua metalinguagem. Mais que em potencial informativo, em seu potencial gerador de conhecimento. Para além de seus conceitos, para além de sua *griffe*, sua capacidade de exercer e possibilitar a transferência primária reside justamente em sua natureza transitiva, em sua recusa ativa da demarcação de um espaço encerrado, já que sua própria razão de ser é o percurso de todos eles. E de todos os tempos. E também, por isso mesmo, de ser capaz de funcionar como um agente interpretante dessa mesma transferência. O trânsito, o movimento, e não a estabilidade, não a paralisia. Nem o sono, nem a vigília, mas o sonho. Sempre o sonho com suas paradigmáticas capacidades representacional e de elaboração. Não é característico do desejo sua impossibilidade de deter-se? "A cinco minutos daqui" era a resposta que recebia Dora a cada vez que refazia sua pergunta "Onde fica a estação?" no segundo sonho de sua breve análise com Freud, aquela análise originária do conceito de transferência e, consequentemente, demarcatória do lugar do analista: aqui, ali, em qualquer lugar já que sempre de lá para cá ou de cá para lá, dependendo do ponto de vista adotado...

Uma "casa em chamas" é a primeira das representações da impossibilidade de existência de um espaço que contenha ou que encerre o objeto, também fornecida por Dora, a histérica que não se paralisara, no primeiro de seus sonhos. O deslocamento se dá justamente por isso: não é possível salvar "a caixa de joias", como vinha alertar a fala paterna. Simplesmente porque não há "caixa", apenas joias, mineral bruto, resistente a toda e qualquer lapidação. Ou melhor, toda "caixa" existe apenas em decorrência de sua funcionalidade conjuntural – a de servir, por um breve momento, de abrigo para a realidade da existência da "joia". Daí a necessidade constante das metáforas e das metonímias, das condensações dos deslocamentos, das transferências. Não foi um quadro da Madonna com seu Bambino que ficara por horas a fio contemplando a adolescente Dora, indiciando que a tão procurada "estação" não era a parada final, mas apenas o início de uma nova viagem? Tudo vai depender de com que olhos se contempla. Tudo vai depender do ponto de vista. Ou da alternância e da complementaridade deles.

"Pede-se fechar um olho" ou "Pede-se fechar os olhos", o sonho de Freud na noite da morte de seu pai, aponta justamente para a difícil tarefa de contemplar a corporeidade do objeto psíquico em sua nudez. Até porque há sempre uma morte a ser elaborada, um luto a ser feito, decorrente do próprio ato de contemplação: o da crença de que há um espaço, um lugar que contenha ou que encerre o objeto. Mesmo que se tente encontrar óculos adequados para isso, a impressão que teremos é semelhante à do Homem dos Ratos que se atormentava por acreditar que os óculos haviam sido enviados para a pessoa errada. Mesmo conhecendo muitos dos escritos de Freud, mesmo refazendo mil vezes cada caminho, mesmo que o pensamento seja retomado obsessivamente, não há como escapar à elaboração inexorável do luto. É sempre vã a tentativa de guardar as fronteiras do império...

Da mesma forma que o Homem dos Ratos, cada um de nós, psicanalistas, necessita elaborar o luto referente à perda do primeiro de nós para que ele não surja sempre como uma assombração, um *revenant*, seja em nossa vigília seja em nossos sonhos. Aí se instala a raiz do paradoxo, tão bem abordado e discutido por Piera Aulagnier (1969/1990) em seu texto "Sociedades de psicanálise e analistas de sociedade", que caracteriza a atividade de todo psicanalista: cada um de nós deve se lançar em cada sessão de análise em uma viagem de descobrimentos como os primeiros navegadores, mas cujas rotas, no entanto, já vêm de alguma forma mapeadas por Freud. Nossa existência, enquanto práxis, já vindo, portanto, marcada por um pecado original, nossa própria cena primária. Nenhum de nós é mais o pioneiro.

A percepção de que nenhum de nós é o criador de si mesmo nem tampouco do mundo é decorrência direta da estruturação da fantasia originária, conforme tão bem nos mostrou a análise do Homem dos Lobos, o expatriado russo que sonhava e ressonhava com o abrir abrupto de uma janela que deixava entrever uma árvore. Ora, não é justamente a inserção em uma determinada genealogia, em uma determinada linhagem, o significado primeiro do casal parental em cópula? Portanto é a árvore genealógica o golpe maior no narcisismo de todos, pois, se ela explicita a cena primária, é essa cena que vem indiciar a cena última – toda vida tem uma duração específica. Por isso, o algarismo romano V, às cinco horas da tarde, funcionando como sinal de inserção do indivíduo em uma temporalidade que não é a do Inconsciente. Devemos lembrar-nos todos que foi justamente dentro de um grande relógio do consultório de Freud que o Homem dos Lobos fantasiou se esconder em uma das sessões... Não estaria aí, talvez, o sentido maior das discussões infindas em torno do número ou da duração das sessões a que nós, psicanalistas, nos dedicamos sob o pretexto de caracterizar ou não uma análise? Ou diferenciá-la de uma psicoterapia? Não deixa de ser significativo que as divergências maiores entre nós todos se deem em nome do tempo. Da mesma forma que as maiores discussões tenham se dado, durante a vida de Freud, em torno da questão do instinto de morte. Sem dúvida, o luto decorrente da percepção de nossa própria mortalidade é muito difícil de ser feito, muito difícil de ser elaborado por todos nós, psicanalistas, humanos que somos.

Seja como ferida narcísica, seja como angústia de castração, é sempre a melancolia pela nossa própria finitude um dos combustíveis básicos das lutas grupais. O mal maior, o sinistro, é sempre o outro, está sempre deslocado para o outro, está sempre longe daqui de onde eu estou, favorecendo a criação de fronteiras que, mais do que para discriminar, servem para um fantástico reasseguramento de que eu e o meu grupo vamos nos perpetuar. Para a perpetuação é necessário prevalecer sobre o outro, inimigo sempre mortal. Não é sempre em nome da manutenção dos fundamentos que tem ocorrido as maiores matanças na história de todas as culturas? O homem passa e as instituições permanecem, é essa a lógica interna de qualquer agrupamento humano desde as cavernas e é sempre ela a deflagradora e a realimentadora da combustão necessária a toda guerra, instituição grupal que é corolário da luta individual pela sobrevivência, depositário que fica o grupo da salvaguarda da espécie.

É a presença do outro ameaçando meu espaço – como se cada um de nós tivesse um espaço próprio, quando não temos mais do que um pouco de tempo! – aquilo que está em jogo seja em cada vida individual, seja na vida de cada grupo. E é justamente um espaço – ou um tempo? – para a presença do outro aquilo que a psicanálise se propõe a criar. Apenas – e talvez essa seja uma das razões que levaram Freud a classificar a nossa profissão como uma das três impossíveis – a criação desse espaço para o outro fica por conta do psicanalista. "É necessário que o psicanalista tolere a presença do outro", disse-me Daniel Widlöcher, enquanto nos deslocávamos num dos ônibus que nos transportava de um lugar para o outro no simpósio multidisciplinar cujo nome era "O Fim da Batalha", poucos dias depois do atentado de 11 de setembro de 2001... Por infelicidade, o fim da batalha de modo algum é necessariamente o fim da guerra. Pois sempre haverá um outro que sobreviverá ao massacre. Por coincidência, estávamos em Lima, Peru, lugar de um dos maiores massacres já cometidos contra uma cultura, a inca, pelos civilizados conquistadores espanhóis, quinhentos anos atrás, os mesmos desbravadores dos mares tomados por Piera Aulagnier como metáfora do psicanalista. Mas, bem antes dela, Freud mesmo já se chamara, em uma carta a Pfister, de "*conquistador*", assim mesmo, grafado em espanhol.

No mínimo contraditória em sua própria natureza, daí sua quase impossibilidade, a tarefa de conquistar um território novo e tolerar a presença do outro diferente de si mesmo apresenta-se como um desafio ao narcisismo de todo psicanalista. É aí que cada um de nós é colocado à prova por cada novo paciente, pois como desbravar um território sem ocupá-lo com as próprias crenças nem se deixar ocupar pelas crenças do outro? Essa é a crise de identidade que se coloca a todo momento a cada psicanalista praticante. E a qual ele deve responder dialogicamente, sob o risco de catequizar seu paciente ou ser por ele catequizado. Daí a importância da regra da abstinência – nada mais próximo da conquista selvagem de um território que a conquista amorosa de um outro corpo.

Nesse sentido, é paradigmática a história de Garcilaso de la Vega, magistralmente retomada por Max Hernandez (1993) em seu livro *Memória do bem perdido*. Filho de um conquistador espanhol com uma princesa inca, cuja cena primária expressava, em sua radicalidade, os elementos mais contraditórios coexistentes na sexualidade humana: erotismo e usurpação. Como ser alguém com uma identidade própria se a própria cena originária mescla elementos tão díspares e tão contraditórios é o que a sucessiva troca de nomes a que se submeteu Garcilaso ao longo de sua vida até criar sua grafia definitiva – Inca Garcilaso de la Vega – vem atestar. Alfabetizado em espanhol mas ouvindo falar espanhol e quéchua, o dialeto inca, desde seu nascimento, a grafia definitiva de seu nome ele só estabeleceu ao traduzir do latim para o espanhol o livro de Leon Hebreo *Dialogui d'Amore*, instalando-se então na corte espanhola e tornando-se, a partir daí, o primeiro historiador latino-americano... Magnífica alegoria para todo e qualquer psicanalista, esse ser que se cria na mescla de seu próprio desejo com o desejo de um outro analista, seu mestre, e com os desejos de seus analisandos. Na gênese de cada um de nós que é reativada no encontro com qualquer um de nossos analisandos, em cada momento de nossa atividade clínica, há um resto de violência e de usurpação que necessita, a todo momento, ser retomado e traduzido – historiado –, sob pena de não podermos existir a não ser de forma caricata e estereotipada. Essa recuperação da própria história, do paradoxo de nossa própria gênese, é o trabalho constante de luto inerente à emergência do psicanalista em cada um de nós que se propõe a sê-lo.

Essa "tradução", por assim dizer, dos *Dialogui d'Amore* a ser feita por cada um de nós, psicanalistas, é uma recuperação e, ao mesmo tempo, um enlutamento que só pode se dar no plano simbólico mas que necessita, paradoxalmente, da presença encarnada, corporal, física, do outro, sendo este outro o próprio corpo e o corpo do outro, no aqui e agora da sessão e do mundo, pulsantes do próprio desejo, mas abstinentes quanto à sua realização. Só assim, em presença jamais em efígie, a palavra psicanalítica pode se constituir, e se apresentar em toda sua pujança dialógica e dialética. Parafraseando André Green, não há como ser psicanalista sem ser engajado... Presença e ausência, narcisismo e socialismo, passado e presente, corpo e alma, tradução e resto intraduzível são algumas das polaridades que contextualizam a crise identitária possibilitadora de se ser psicanalista. Não o credo professado e comungado da existência do Inconsciente. Mesmo porque a existência de um inconsciente deixou de ser tão significativa desde que Freud fez o seu mapa...

Portanto, não segui-lo em sua cartografia, pois ela dará sempre nos mesmos lugares, mas sim tomá-lo como modelo de viajante desbravador. Sua obra, como um todo, é exemplar nesse sentido. Se a tomamos como a narrativa de um narrador conforme Walter Benjamin (1985) conceituou o narrador por excelência – aquele que advém da interpenetração dos dois tipos mais arcaicos, o marinheiro comerciante e o camponês sedentário –, em oposição à informação jornalística ou ao romance, seu texto recupera sua força seminal e fundadora – e, por isso mesmo, criadora ímpar de transferências e também interpretante destas. Não foi isso que fizeram aqueles entre nós que, depois dele, chegaram a ter um nome? Lacan, Klein, Winnicott, Bion, mais que repetidores de seus conceitos, foram capazes de se mostrar tradutores excelentes do espírito de sua letra, continuando, cada um a seu modo, a narrativa primeira. Que é transgressora por excelência. E só por isso capaz de transmitir uma sabedoria própria e, ao mesmo tempo, possibilitadora de tantos reconhecimentos.

Começando com os *Estudos sobre a histeria*, escritos em parceria com Breuer, o texto freudiano é a narrativa de um percurso único e singular que, à maneira da mais célebre das narrativas orais, *As mil e uma noites*, vai nos apresentando um personagem após o outro com o intuito de manter vivo não o narrador, mas a própria narrativa a respeito do mais fugidio dos objetos, o inconsciente. E, por isso, ela não se detém, fluindo sem cessar através de um jorro de aproximações e recuos, de alternâncias e complementaridades, de deslocamentos e de condensações, de espelhamentos e de cortes, até o último escrito, sintomaticamente chamado de *Esboço* – não sem antes retomar o homem Moisés, figura identificatória básica, o patriarca que conduz seu grupo no exílio. Não há como deixar de reconhecer aí uma releitura do Pai Primevo e do banquete totêmico, apresentados anos antes em *Totem e tabu*, enfatizando que nenhum homem pode ser visto independentemente da cultura. Desde os escritos iniciais, nenhum analisando foi visto fora de seu mundo, fosse este representado pelas figuras parentais, o grupo familiar, fosse pelo grupo social. O que nos dá, por espelhamento, a mensagem de que o psicanalista também e necessariamente está para mais além seu próprio divã. E que o aqui e agora da sessão psicanalítica não exclui, de forma alguma, o "vasto mundo" (Giovannetti, 2001b).

Na própria ruptura com Breuer, anos depois dos trabalhos iniciais sobre a histeria, o violento impacto entre um homem e seu grupo se faz sentir. Para além da questão da sexualidade, a ideia da singularidade da anatomia de cada ser humano era a que mais colocava em questão o *establishment* científico de então. Pois aí estava o maior dos ensinamentos da histérica, aquela que, falseando sua própria anatomia, denunciava o quão enganosa era a crença de que a anatomia humana era uma só. Assim o era nos cadáveres, apenas nos cadáveres, jamais em um homem ou uma mulher vivos. Enquanto vivos, cada um de nós vai criando sua própria anatomia, a do corpo erógeno e mortal, que por isso necessita ser nomeada para ser conhecida: "a paralisia de Elizabeth, a musculatura contraída do pescoço de Emma, a laringe afetada de Dora, são órgãos e funções de um corpo humano não mais genérico e sim singularizado em sua gestualidade e na especificidade de sua fala" (Giovannetti, 2001a).

Daí nasce não a psicanálise, mas o psicanalista, conforme as próprias palavras de Freud. De um sonho com uma garganta específica que se abre, deixando entrever a falha presente em todos os tratamentos – ou em todas as abordagens. Há sempre um algo mais a ser visto, um algo mais a ser pensado, um algo mais a ser falado, outros mais a serem consultados. Portanto, na gênese do próprio psicanalista está a questão do nome próprio da mesma forma que na gênese de cada corpo humano. Não havendo uma só anatomia, não há como haver uma só psicanálise. E, se há muitas delas, isso se deve a que sua existência viva depende fundamentalmente da existência de um psicanalista. Cada um de nós precisa recriá-la para que ela adquira uma existência efetiva e prática. Cada um de nós necessita da conversa com seu analisando e com seus pares para se tornar, em um momento dado, um psicanalista. Momento este que deixa marcas significativas e inalienáveis naquela personalidade – razão de nosso reconhecimento –, mas que necessita sempre ser reatualizado para que as marcas não se transformem em deformações crônicas.

Quando Freud falou que análise de nenhum analisando vai mais além do que foi a análise daquele analista, ele seguramente apontava para duas questões fundamentais: que todo psicanalista só pode falar em nome próprio e que nenhum psicanalista poderá dar a última palavra sobre a psicanálise. Apenas e tão somente a sua própria, que vai requerer sempre outra e nova palavra: a própria e a do outro. Pois não é o psicanalista um escutador que tem por objetivo possibilitar a constituição de uma narrativa até então impossível de ser narrada, constituindo-se, por isso também, em um narrador coautor dessa mesma narrativa? Retomando Walter Benjamin (1985), "o narrador retira da experiência o que ele conta: sua própria experiência ou a relatada pelos outros. E incorpora as coisas narradas à experiência de seus ouvintes". A verdadeira narrativa tem sempre em si, ainda que seja de forma latente, um sentido utilitário, escreveu Benjamin. Na maior parte das vezes, é fazer uma sugestão para que se dê a continuidade de uma história que vem sendo narrada. Não foi isso que nos ensinou Freud? E que alguns de seus seguidores mais capazes vieram a enfatizar?

Cem anos depois do primeiro de nós, o mundo se apresenta de uma complexidade tal que muito tem se falado a respeito da "morte do narrador" e, consequentemente, da impossibilidade de uma narrativa da atualidade. Ora, não é esse justamente o lugar do psicanalista? O de tornar possível a existência dessa narrativa, resistindo sempre por meio da criação de um espaço de intimidade e de especificidade, em oposição ao anonimato pasteurizado da cultura contemporânea? Em oposição à enxurrada de informações a que todo cidadão é hoje submetido diariamente pela mídia, sem a possibilidade de metabolização emocional destas, caracterizando o trauma psíquico do novo milênio?

Há melhor forma de resistir que a preservação do nome próprio? E a inserção desse nome numa historicidade feita por outros nomes próprios e pelos fatos da vida?

Referências

Aulagnier, P. (1969/1990). Sociedades de psicanálise e analistas de sociedade. In P. Aulagnier, *Um intérprete em busca de sentido* (Vol. 1, pp. 59-100). São Paulo: Escuta.

Benjamin, W. (1985). O narrador: considerações sobre a obra de Nikolai Leskov. In W. Benjamin, *Obras escolhidas* (Vol. 1, pp. 197-221). São Paulo: Brasiliense.

Castoriadis-Aulagnier, P. (1969). Sociétés de psychanalyse et psychanalyste de société. *Topique*, *1*(1), 7-46.

Giovannetti, M. de F. (2001a). *Brevíssimas considerações sobre o corpo erógeno e mortal.* [Apresentado em aula inaugural do curso de Psicoterapia Psicanalítica, Núcleo de Psicanálise de Santos e Região e UniSantos, Santos, 16 ago. 2001].

Giovannetti, M. de F. (2001b). O término do processo psicanalítico: rimas e rumos. *Rev. Bras. Psicanál.*, *35*(3), 463-470. [Apresentado no 42º Congresso Internacional de Psicanálise, 23-25 jul. 2001.]

Hernandez, M. (1993). *Memoria del bien perdido: conflicto, identidad y nostalgia en el Inca Garcilaso de la Vega.* Lima: IEP.

Roustang, E. (1979). *Un destin si funeste.* Paris: Munuit.

Hospitalidade na clínica psicanalítica hoje[1]

Mas hospitalidade pura ou incondicional não consiste em tal convite ("Eu o convido, eu dou-lhe as boas vindas ao meu lar, sob as condições que você se adapte às leis e normas do meu território, de acordo com a minha linguagem, tradição, memória, etc."). A hospitalidade pura e incondicional, a hospitalidade em si, abre-se ou está aberta previamente para alguém que não é esperado nem convidado, para quem quer que chegue como um visitante absolutamente estrangeiro, como um recém--chegado, não identificável e imprevisível, em suma, totalmente um outro. Eu chamaria esta hospitalidade de visitação mais do que de convite. A visita poderia na verdade ser muito perigosa, e não devemos ignorar este fato; mas será que uma hospitalidade sem risco, uma hospitalidade apoiada em certas garantias, protegida por um sistema imune contra o totalmente outro, seria uma hospitalidade verdadeira?

Derrida (citado por Borradori, 2004, p. 171)

---

[1] Trabalho apresentado em plenário do XXV Congresso Latino-Americano de Psicanálise, em Guadalajara, México, em setembro de 2004. Publicado originalmente na *Revista Brasileira de Psicanálise*, v. 39, n. 4, 2006.

Por volta de quatro anos atrás, fui procurado por um homem jovem, de 30 anos, executivo de uma multinacional (Giovannetti, 2000). Estava trabalhando em São Paulo e meu nome lhe havia sido indicado por um colega argentino que ele não conhecia, mas que, como vim a saber depois, era amigo da mãe de uma ex-namorada sua, com quem tivera um breve relacionamento na Europa. Era colombiano, tendo ido estudar desde a adolescência nos Estados Unidos, terminando aí sua faculdade e sua pós-graduação, quando foi contratado pela multinacional, passando a viver desde então em cidades e países diferentes, não mais do que alguns meses em cada um deles. Mesmo sediado em São Paulo agora, fazia viagens frequentes para outros países, não sabendo nunca onde estaria dali a alguns dias. Não tínhamos, portanto, como fazer um contrato de análise, com um número fixo de sessões semanais, nem tampouco com dias e horários previamente definidos. Aliás, nosso primeiro encontro só se deu após vários recados deixados em nossas secretárias eletrônicas. A língua usada por ele e por mim nesses recados era uma alternância de português, espanhol e portunhol, embora a gravação de sua caixa postal fosse em português e em inglês. Numa dessas mensagens anteriores ao nosso primeiro encontro, chamou-me a atenção o fato de que, embora estivesse falando em espanhol, ele pedia o meu endereço e não *mi dirección*. Quando nos encontramos, sua primeira pergunta foi: em que língua vamos falar? Português, *english*, *español*? O fato é que temos conversado numa mistura de todas elas desde então.

Não tínhamos um padrão na frequência de nossas sessões. Em cada uma delas, marcávamos a seguinte, o que não significava que ela fosse acontecer, pois não era raro ele ter que viajar subitamente. Pai colombiano, mãe americana, alfabetizado em uma escola inglesa, estudos primários em uma escola tradicional católica, *High School* nos Estados Unidos, contratado por uma multinacional na qual trabalhava na área financeira, ele não se sentia um homem cosmopolita ou internacional: na verdade, em suas próprias palavras, ele só se sentia tendo *"ups and downs"*. Mesmo em seu trabalho, apesar de promoções e ganhos financeiros sempre crescentes, se sentia sem nenhuma segurança de seus conhecimentos. Os dados de sua vida apareciam ou de forma estereotipada e rígida, ou como referências bastante confusas de tempos e lugares, nada que se estruturasse como uma narrativa, embora não pudesse chamar de forma alguma seu discurso de fragmentado. Tinha um sonho recorrente no qual uma grande onda se formava no mar e vinha em sua direção, quase sempre destruindo o que estivesse em sua frente. Recorrentes também eram suas idas a um famoso prostíbulo de luxo de São Paulo, onde encontrava mulheres com quem passava a levar uma "vida de casado" por alguns meses. Sempre provisória, assim como era provisório o lugar onde vivia, um apartamento pago pela empresa, sem nenhum mobiliário, exceto uma cama, uma televisão e suas roupas. Um único objeto pessoal: seu violão, com o qual passava longas horas e que o havia acompanhado em todas suas mudanças. Três anos depois de nosso primeiro encontro, ele começa a mobiliar esse espaço, com objetos de sua escolha. Os primeiros: luminárias que diz ter comprado em uma loja perto de meu consultório. Seu primeiro quadro: uma foto de um farol de algum lugar da Europa, em quatro momentos da maré – desde completamente submerso pelas ondas até o momento em que se mostra por inteiro. Começa, depois de um longo e trabalhoso processo de análise – nada convencional do ponto de vista de um *setting* clássico –, a construir algo que ele pode chamar de sua casa, onde vai sendo capaz de reestruturar sua própria vida. E, à medida que vai sendo capaz de criar uma narrativa de sua vida, sua fala vai se fixando no espanhol e, paradoxalmente, vai ficando mais difícil para eu entendê-lo: a língua universal, misto de espanhol, portunhol, inglês, era substituída, agora, por um "colombiano autêntico". E é na língua pátria que ele recupera a lembrança de um pedaço de terra que deverá herdar de uma tia, começando a aventar a possibilidade de deixar a multinacional, utilizar seus conhecimentos de mercado e negócios e vir a se estabelecer aí, num futuro próximo.

Por volta de três anos atrás, um homem de 40 e poucos anos me procurou para análise. Dizia ter encontrado meu telefone nas pesquisas que costumava fazer na internet após ler um trabalho meu publicado em um site, decidindo não mais postergar sua análise, algo que há muito tempo pensava em fazer. Homem de grande cultura humanística, trabalhava com populações ameaçadas de extinção há mais de vinte anos, e levava sua vida em dois mundos: um, o da cultura ocidental, o outro, o da cultura primitiva. A passagem de um para outro era feita de forma abrupta, sem um padrão externo que o justificasse. Apenas sentia que já não podia continuar mais naquele lugar, naquele espaço, e mudava-se então para o outro. Suas primeiras sessões se caracterizavam por uma fala contínua e explicativa daquilo que considerava seus maiores problemas, trazendo mesmo uma espécie de autoanálise – interpretações muito convincentes a respeito de sua vida e de seus atos – que me colocavam a questão de como falar com ele sem que minha fala fosse sentida como uma mera correção ou um endosso de seu próprio entendimento. Assim, fui optando por fazer perguntas – muitas delas a respeito de seu trabalho com as populações indígenas – em vez de me ocupar em dar interpretações clássicas. Perguntas que, ao pontuarem seu discurso – ele era capaz de falar ininterruptamente por todo o tempo de uma sessão –, começaram a criar um lugar genuíno de existência para mim enquanto analista. Como o meu paciente descrito anteriormente, a sua frequência às sessões era ditada pela alternância de suas viagens: em cada sessão, marcávamos a seguinte, ou um grupo de sessões seguintes. Algumas vezes, fui surpreendido por uma de suas viagens, que, a seu ver, já estaria definida anteriormente, mas que para mim era algo que não havia sido mencionado. Fui me dando conta de que seu tempo, ou melhor, sua forma de marcar o tempo era muito diferente da minha, aquela do senso comum ou do calendário. E, ao dar-lhe esta minha "primeira interpretação", ouvi dele, como resposta, que era óbvio que era assim. Ele, sim, estava espantado que eu não tivesse percebido antes algo que lhe era tão óbvio. Havia descaso em sua voz. Pouco tempo depois, seis meses após nosso primeiro encontro, fiquei sem notícias dele. Até que, depois de mais seis meses, recebo um e-mail, enviado por ele, com a notícia de um jornal de Londres a respeito de uma exposição de seu trabalho que ele lá fazia. Em anexo, algumas críticas muito elogiosas falavam da importância de um trabalho como o dele. Apenas isso. Ou tudo isso, dependendo do ponto de vista adotado. Nenhuma palavra própria dele a mim dirigida. Ou, como pude pensar, lembrando-me do que ele me havia contado a respeito de uma determinada cultura indígena na qual o indivíduo não podia saber o próprio nome, todas as palavras, embora assinadas por outros, eram dele e especificamente dirigidas a mim. Assim, compreendi que ele estava me comunicando que nosso trabalho era importante e bom. Apenas vivíamos em tempos diferentes. E, dessa perspectiva, ele não havia rompido o contato comigo, apenas se ausentara um pouco.

Três meses depois, um recado dele em minha secretária eletrônica, avisando que estava de volta, querendo marcar uma sessão. Reencontramo-nos, em meu calendário, quase um ano depois de nossa última sessão. No calendário dele, apenas algum tempo depois. Mas, paradoxalmente, muitos acontecimentos depois: era enorme a mudança em sua vida desde nosso último encontro. E, pela primeira vez, passa a fazer uma narrativa dentro de uma temporalidade diacrônica, cujo sentido era me colocar a par de tudo que acontecera em sua vida desde nosso último encontro. Ou melhor, todas as mudanças que havia feito em sua vida em decorrência de sua análise. Isso feito, diz que agora pretende ficar mais tempo aqui em São Paulo e que podemos nos encontrar com mais frequência. Está procurando uma nova casa, onde viverá com a nova mulher, relacionamento que lhe assusta muito pela importância que tem para ele. "Estar *at home*" é aquilo que, em suas palavras, é o novo. Nossas conversas giram, desde então, a respeito da construção de uma casa – e do significado de uma casa.

No final do ano passado, fui procurado, com urgência, por um homem de 35 anos, pois dois dias antes sua mulher havia lhe comunicado que não queria mais viver com ele. Mostrava-se desesperado, pois não sabia o que fazer, nem para onde ir. Jamais podia pensar que algo assim fosse lhe acontecer um dia: marido exemplar, pai exemplar, profissional exemplar. Tudo estava bem até que ela lhe houvesse comunicado sua decisão irreversível: ele teria que sair de casa, o mais rápido possível. Não havia nenhum sinal de apreensão de sua parte de que algo de diferente ou de estranho viesse se passando em sua vida conjugal. Mas também não havia nenhum sinal de que ele tivesse alguma compreensão afetiva de alguma coisa em sua vida, embora se apresentasse diante de mim como alguém bastante afetivo: seu choro e seu espanto eram genuínos, bem como o afeto que dizia dedicar ao filho pequeno, de quem achava que não conseguiria se separar.

Ao contrário de meus dois pacientes descritos acima, ele parecia ter uma casa, e era justamente a possível perda dessa casa o que lhe aterrorizava. Com ele, também diferentemente dos outros dois pacientes descritos, foi fácil marcar o início da análise, com dias e horas combinados no mais clássico dos estilos. Pouco mais de um mês depois que iniciamos, ele saiu de sua casa – e estava vivo, surpreendentemente para ele. Alugara um *flat* perto de sua casa anterior e, orgulhoso de seu feito, começou a recuperar a história de seu casamento: um arquiteto amigo havia lhe apresentado aquela moça alguns anos atrás. Esse arquiteto estava construindo a casa nova dos pais daquela que viera a ser sua mulher. Era dessa casa, não da sua, que ele temera tanto sair. Uma casa com as características de algo sólido, bem construída, rica, em tudo diferente da casa de seus pais, sombreada que sempre fora pela perda do solo natal: seu pai havia se exilado no final dos anos 1960, fugindo da ditadura soviética. Sua história começa a ser narrada e resgatada. Seu relacionamento com a ex-mulher é então apresentado como extremamente pobre afetiva e sexualmente. Passara anos apenas trabalhando muitas horas por dia, chegando em casa e dormindo cedo. Seu medo de estar nas ruas, no mundo, foi ficando evidente para ele, à medida que se reposicionava em seu trabalho e atravessava algumas fronteiras. É com muita dificuldade que deixa seu filho por alguns dias para uma viagem de negócios ao exterior. É então que reaparece o tema da casa, mas, agora, uma casa dele mesmo que vai sendo ocupada rapidamente com objetos de sua própria escolha. O espaço vai se tornando um lugar real, habitável, não mais um lugar fantasiado pertencente a um outro. Paralelamente seus negócios deslancham e recebe uma proposta de um banco internacional de estabelecer uma parceria: começa a viajar com assiduidade até ser obrigado a passar dois meses no exterior, voltando apenas nos fins de semana para rever o filho. Agora, estamos vivendo este período de separação: suas sessões estão suspensas até outubro, quando deverá retomar seu lugar em São Paulo. Eventualmente, ele me envia e-mails. Estamos em contato, embora não em um *setting* analítico clássico.

As sintéticas descrições dessas três análises que estão ainda em andamento me servem de modelo para esta nova clínica que vem se estruturando desde os finais da década passada. É absolutamente revelador que os três pacientes estejam às voltas com a construção de suas casas (um "*at home*", um "*chez moi*", um "meu lar") e de uma narrativa histórica de suas vidas. E é absolutamente revelador que essas construções caminhem em paralelo com a construção (ou desconstrução) de um *setting* analítico possível, "não clássico". Se, até poucos anos atrás, os analisandos que chegavam aos nossos consultórios traziam, já de antemão, a estruturação de um espaço geográfico e histórico, com maior ou menor configuração de fronteiras internas e externas, de uma casa, por assim dizer, nossos novos pacientes sofrem justamente da inexistência deste lugar, desta casa. Ou ela é fictícia, como no caso de meu terceiro paciente, funcionando mais como um esconderijo contra a vida, ou ela está ainda para ser criada, configurada. Se nossos pacientes de antes do final do século passado já vinham para a análise com a ideia de um tempo e de um lugar de permanência, não estranhando, de nenhuma maneira, que nós, analistas, exigíssemos uma determinada frequência semanal às sessões, existindo dentro deles o conceito de permanência, os pacientes que nos procuram hoje, por viverem em um mundo onde fronteiras não mais existem e a ideia ou conceito de permanência estão substituídos pelo de velocidade e de aceleração do tempo, não podem ser apresentados ao *setting* clássico de análise, sob o risco de nenhuma possível análise se constituir. É função central do analista hoje ir construindo com cada um deles um *setting* possível para que a análise possa se constituir. E não mais no sentido clássico, isto é, visando trabalhar as resistências para que ele venha, um dia, a ser igual ao clássico, mas sim trabalhando para que o espaço virtual e sem fronteiras possa ser transformado num lugar: lugar de intimidade, lugar de trocas, lugar de narrativa; lugar de existência real, não virtual.

Se, no início da psicanálise, o objetivo era fazer do Inconsciente o Consciente e, depois, do que era Id fosse feito Ego, neste início de milênio ainda estamos em busca de um novo aforisma. Pois a construção deste lugar não passa pela imitação do lugar antigo, mas sim pela necessidade de se fazer um luto pela perda daquele lugar que já não mais existe. Sem o que só nos resta a melancolia cristalizadora de uma imitação do antigo, à maneira da arquitetura de Las Vegas, simulacro banalizador de outros tempos e outros lugares. Pois manter o espírito freudiano é poder escutar, como ele fez com as histéricas, no final do século XIX, a fala nova. E qual é a nova fala, qual o equivalente da histeria neste início de século XXI?

É para tentar buscar a apreensão e a escuta desta nova fala que lanço mão dos conceitos de "desconstrução" e de "hospitalidade" de Derrida, com o qual iniciei o trabalho. Para que o analista possa hoje cumprir sua função original, a da escuta da fala do outro, no mais puro sentido freudiano, ele tem que desconstruir seu acervo conceitual, desconstruir seu *setting* clássico. Só assim ele poderá oferecer hospitalidade a esta nova subjetividade que emerge nestes novos tempos de não lugares e não fronteiras. Só assim ele poderá, junto com seu novo analisando, ir fazendo a "visitação" destes novos territórios – ou espaços – da subjetividade emergente num momento em que a história se acelera gradativamente. Só assim, neste novo registro, a clínica psicanalítica poderá se recriar, recriando, em parceira mútua, analista-analisando, um algo que tenha o sentido de "meu lar", minha casa, minha identidade. Mesmo porque a identidade do psicanalista não está estruturada nem no seu divã, nem na frequência com que ele atende um paciente, nem tampouco na interpretação exata: sua identidade se estrutura, sim, em sua capacidade de escuta da fala do outro – em estado nascente –, na intervenção que mantém aceso o diálogo vivo e em sua possibilidade de exercer seu trabalho na característica provisoriedade dos conceitos que delineiam nosso campo. É justamente para esse provisório que aponta a obra freudiana, em seu constante se refazer. É justamente para esse provisório que nos chama a atenção o pensamento de Derrida (a desconstrução), de Marc Augé (os não lugares), de Edgard Morin (a teoria da complexidade), de Paul Virilio (a aceleração do tempo), todos eles tributários de Freud e, talvez por isso mesmo, capazes de trazer alguma iluminação humanística para estes novos tempos.

Hans, o menino-símbolo da psicanálise, olhava pela janela de sua casa a intensa movimentação da estação ferroviária de Viena, no início do século XX. De seu ponto de observação, a cidade lhe parecia tão grande e assustadora, com as idas e vindas das carroças puxadas pelos cavalos, com a multidão anônima que se apressava em chegadas e partidas, que desenvolveu a hoje clássica agorafobia. Não queria sair de sua casa, lugar seguro e protegido, até que a gravidez de sua mãe e o consequente nascimento de Hanna, sua irmã, o lançam inapelavelmente na vastidão dos espaços da cidade e do mundo. Um mundo com fronteiras a serem transpostas; uma cidade e um mundo muito diferentes daquele divisado por uma jovem mulher americana fechada no alto de um anônimo quarto de hotel do século XXI, mostrada numa magistral sequência do filme *Lost in translation*, de Sofia Coppola (2003). Aproximando-se, sonambulicamente, do vidro blindex que costuma hoje ocupar o lugar de uma janela, ela senta-se em um móvel que nele se apoia e, conforme vai contemplando as luzes e as construções mutantes daquilo que seria a cidade de Tóquio, vai encolhendo suas pernas, abraçando-as, curvando seu corpo, acabando por assumir a posição fetal. Diferentemente de Hans, ela não está em casa, mas, paradoxalmente, está "em família", pois se encontra acompanhando o marido fotógrafo numa de suas viagens de trabalho. Diferentemente de Hans, ela não se estrutura em uma fobia de ir às ruas, apenas não há mais ruas transitáveis. O que delas resta são museus, registros de uma cultura e de um mundo que não mais existem. Nem mesmo cidades ainda existem, pois a Tóquio que nos é apresentada no filme em nada se assemelha àquilo que tradicionalmente entendemos por cidade: aquilo que o pequeno Hans divisava de sua janela.

Marc Augé, antropólogo, etnólogo e cientista social, desenvolve um magnífico estudo a respeito dos "não lugares" – espaços de trânsito – em seus livros *Os não lugares* (Augé, 1995/2000) e *A guerra dos sonhos* (Augé, 1997/1998). Se a cidade descrita por

Baudelaire, no século XIX, era dominada pelas torres da igreja e pelas chaminés das fábricas – monumentos históricos e signos do trabalho –, a cidade do século XXI se apresenta como uma multiplicidade de luzes coloridas e alternantes, divisadas através do blindex situado no quinquagésimo andar de um hotel internacional – não muito diferente da tela de um computador. Não sendo mais um lugar, ou um lugar de chegadas e partidas, de encontros e despedidas, ela se nos apresenta como mais um lugar de trânsito, à imagem das autoestradas, com seus pontos de parada para abastecimento, alimentação e observação eventual da paisagem e dos lugares que remetem a uma história passada, monumentos e museus. Ela não é mais um lar, no sentido de acolhimento e de nomeação, de genealogias. Assim, Tebas, a cidade de Édipo – paradigma da cidadela psicanalítica –, necessita ser desconstruída e recriada, pois, não se tratando mais de exílio, banimento, acolhimento ou encruzilhadas, ela se apresenta mais como um espaço transitório para as trocas e os trânsitos, sejam eles sexuais ou do terror. O monumento que funda o século XXI é o lugar onde estavam as Torres Gêmeas. Não o lugar onde milhares de corpos ficaram enterrados. A antiga Mesopotâmia, berço de nossa civilização, transformada em feroz campo de batalha observável pelas telas de todos os televisores do planeta, serve bem para exemplificar a nova relação que se estabelece entre "Terra, terra, território e terror" (Borradori, 2004, p. 111).

"O que é o ser humano?", pergunta Derrida, recuperando o enigma da esfinge que ficava às portas de Tebas.

> *A maioria das pessoas suporia que esta é uma designação evidente em si mesma: um ser humano é um membro da espécie humana. O problema é que tanto "humana" como "espécie" são termos que se ramificam em*

> *labirintos historicamente construídos, que se desdobram e complicam indefinidamente o espectro semântico da palavra. (Borradori, 2004, p. 23)*

Foi justamente essa a questão maior a que Freud dedicou toda sua vida, denunciando a multiplicidade do sujeito, denunciando a sua fragmentação. É a essa mesma questão que precisamos nós, psicanalistas de hoje, nos debruçarmos, sem ficarmos melancolicamente aferrados e aprisionados a conceitos que têm um limite histórico, cultural e linguístico, pois só assim ficará

> *mais difícil recorrermos a qualquer argumento essencialista, pois a própria multiplicidade de narrativas históricas impedirá qualquer tentativa de construir um conceito em termos de pares irredutíveis – homem X mulher, humano X inumano, humano X animal, racionalidade X instinto, cultura X natureza – que não passariam de meras simplificações. (Borradori, 2004, p. 24)*

Só com um enorme trabalho de luto poderemos nos atualizar para a escuta de nossos novos pacientes. Chamá-los de *borderlines* ou de portadores de graves distúrbios narcísicos não é de muita ajuda, nem para eles, nem para nós. Até porque nossos conceitos – embora de alguma utilidade – têm também uma ramificação histórica e cultural, sendo, portanto, datados. Sofremos nós, psicanalistas, ao longo do século XX, de um viés que patologizou de forma excessiva o psiquismo humano. É hora de repensarmos seriamente essas questões.

Meu primeiro paciente deste relato procurava meu "endereço", o lugar onde ele pudesse me encontrar. Estamos todos nós, analistas, também à procura do endereço onde possamos nos encontrar com nossos analisandos, pois ele já não vem como um *a priori*, e sim precisa ser construído com as ferramentas que herdamos de nossos pioneiros num mundo bastante diferente daquele em que eles viveram. A geografia clássica está morta, escreveu Virilio. As fronteiras já não mais existem. Não podemos mais buscar o conhecimento em Viena, em Londres ou em Paris. Antes de tudo, é fundamental podermos separar conhecimento de informação banalizada ou cristalizada. A questão da psicanálise hoje não é mais latino-americana, europeia ou americana – nem tampouco global. Mas ela continua sendo a possibilidade de dar hospitalidade à palavra e ao gesto do outro diferente de nós mesmos.

O significado mais radical de *"chez-soi"*, *"at home"*, "em casa", não importando em que língua seja falado, é o de intimidade, estar à vontade. É esse o mesmo sentido que significa o *setting*, o enquadre do analista. Apenas e tudo isso. Se formos capazes de, junto com nossos pacientes, criar as condições necessárias de intimidade e de se "estar à vontade" para que as associações possam ser livres e a atenção flutuante, condições necessárias para que o encontro analítico se dê, poderemos os dois, analista e paciente, um hospedando o outro alternativamente, nos aproximar um pouco mais da alma humana.

No século II, o imperador Adriano, aquele que expandiu as fronteiras do império romano para quase toda a Terra então conhecida, escreveu:

> *Pequena alma terna flutuante*
>
> *Hóspede e companheira de meu corpo,*
>
> *Vais descer a lugares pálidos duros nus*
>
> *Onde deverás renunciar aos jogos de outrora.*
>
> *(Yourcenar, 1980, p. 10)*

Dezessete séculos depois, Flaubert assim definiu aqueles tempos: "Os deuses, não existindo mais, e o Cristo não existindo ainda, houve, de Cícero a Marco Aurélio, um momento único em que só existiu o homem" (Flaubert citado por Yourcenar, 1980, p. 293).

Estamos nós, neste início de século XXI, num mundo sem fronteiras e de aceleração do tempo, novamente às voltas com lugares duros, nus e crus e, a despeito de todos os nossos fundamentalismos, sós com nós mesmos. É esse o nosso desafio enquanto psicanalistas: como favorecer a "visitação", como hospedar e como sermos hóspedes deste outro que nos procura, pois a alma humana continua flutuante.

Se e quanto seremos capazes disso, de sermos hospitaleiros a esta nova fala, cabe a nós decidirmos. A renúncia aos jogos de outrora será decorrente da pequenez ou da grandeza de nossa alma. E de nossa ousadia.

Referências

Augé, M. (1995/2000). *Los no lugares: una antropologia de la sobremodernidad*. Barcelona: Gedisa.

Augé, M. (1997/1998). *A guerra dos sonhos*. Campinas: Papirus.

Borradori, G. (2004). *Filosofia em tempos de terror: diálogos com Habermas e Derrida*. Rio de Janeiro: Jorge Zahar.

Coppola, S. (Director). (2003). *Lost in translation* [DVD]. Universal City, CA: Focus Features.

Freud, S. (1909/1972). Análise de uma fobia em um menino de cinco anos. *E.S.B.*, 10. Rio de Janeiro: Imago.

Giovannetti, M. F. (2000). *Analisabilidad hoy*. In Congresso Fepal de Gramado, 2000.

Giovannetti, M. F. (2004). Qu'est-ce qu'un psychanalyste?. *Ornicar?: Revue du Champ Freudien*, 51, 131-40.

Giovannetti, M. F. (2004). Esboço para uma cena primária e uma cena analítica no início do séc. XXI. *Rev. Latinoamericana de Psicoanálisis*, Fepal, 7(1).

Virilio, P. (1999). *A bomba informática*. São Paulo: Estação Liberdade.

Yourcenar, M. (1980). *Memórias de Adriano*. Rio de Janeiro: Nova Fronteira.

Sobre migrações e transferências[1]

> *É verdade que o homem como espécie completou sua evolução há milhares de anos atrás; mas a humanidade como espécie está apenas começando a sua.*
>
> Rua de mão única, Walter Benjamin (1987, p. 55)

Num instigante artigo intitulado "O que é o contemporâneo?", Giorgio Agamben (2009) coloca duas questões centrais para todo psicanalista: "De quem e do que somos contemporâneos? E, antes de tudo, o que significa ser contemporâneo?". Centrais para todo psicanalista, digo eu, pois nossa práxis só pode se dar no escopo do contemporâneo, naquilo que classicamente chamamos de "aqui e agora". Em *Passagens* (N 3,1), Benjamin (2006) escreveu que

> *Todo presente é determinado por aquelas imagens que lhe são sincrônicas: cada agora é o agora da cognoscibilidade. Nele a verdade está carregada de tempo até o*

---
[1] Artigo publicado originalmente na *Revista Brasileira de Psicanálise*, v. 45, n. 2, 2011.

ponto de explodir. . . . Não é que o passado lança sua luz sobre o presente ou que o presente lança sua luz sobre o passado; mas a imagem é aquilo em que o ocorrido encontra o agora num lampejo, formando uma constelação.

E é justamente na esteira do pensamento de Benjamin que Agamben (2009) vem propor sua reflexão sobre a contemporaneidade. Sugerindo que "contemporâneo é aquele que mantém fixo o olhar no seu tempo, para nele perceber não as luzes, mas o escuro" e que, sabendo enxergar essa obscuridade, "é capaz de escrever mergulhando a pena nas trevas do presente". E dizendo que "contemporâneo é aquele que percebe o escuro de seu tempo como algo que lhe concerne e não cessa de interpelá-lo" (pp. 63-64), ele vai mostrar que "o compromisso que está em questão na contemporaneidade não tem lugar simplesmente no tempo cronológico: é, no tempo cronológico, algo que urge dentro deste e que o transforma. E essa urgência é a intempestividade, o anacronismo". E complementa:

> *Quem pode dizer – o meu tempo – divide o tempo, inscrevendo neste uma cesura e uma descontinuidade; e, no entanto, exatamente através dessa cesura, dessa interpolação do presente na homogeneidade inerte do tempo linear, o contemporâneo coloca uma relação especial entre os tempos . . . fazendo dessa fratura o lugar de um compromisso e de um encontro entre os tempos e as gerações. (p. 71)*

Quando escreveu os "Fragmentos da análise de um caso de histeria", Freud se mostrou um homem contemporâneo, dentro da perspectiva colocada por Agamben: não é o caso Dora justamente aquele que introduziu uma fratura no tempo linear, possibilitando a criação do conceito central da clínica psicanalítica – o de transferência? Conceito esse que só pôde ser articulado num "só--depois", quando os encontros entre Freud e Dora já haviam sido intempestivamente interrompidos e que, denunciando a complexidade do tempo e do espaço para o sujeito, inserido que ele sempre está em sua contemporaneidade, estabeleceu as bases da clínica psicanalítica.

Viena, 1900, passagem de um século para outro, foram o lugar e o momento histórico em que se deu aquele "primeiro" encontro psicanalítico. Momento e lugar magnífica e precisamente traduzidos nos dois sonhos de Dora, por meio das metáforas "uma casa ardendo em chamas" e "um caminhar a esmo por uma cidade desconhecida". Imagens essas que adquirem todo seu potencial representacional de um estado de emergência ao lembrarmos que da casa ela precisava sair – mas só depois de resgatar sua caixa de joias – e que, na cidade desconhecida, ela se dirigia a cada passante anônimo que encontrava perguntando "Onde fica a estação?", obtendo sempre como resposta "A cinco minutos daqui".

Um estado de trânsito urgente por um lugar em vias de extinção que se transforma, num segundo momento, num novo lugar desconhecido do qual também é necessário sair: representações emblemáticas do aqui e agora da transferência, por um lado, e, por outro, do momento histórico em que se dava aquela análise.

Num momento histórico em que se intensificavam as migrações, fossem do campo à cidade, fossem do Velho para o Novo Mundo, foi justamente numa metrópole – Viena era então a 6ª ou 7ª cidade do mundo – que surgiu a psicanálise, como que a marcar que o sujeito psicanalítico é aquele que está sempre em migração, em transferências, sob o signo de uma casa em chamas, tentando resgatar em regime de urgência seus objetos preciosos ameaçados ou perdidos; em trânsito no anonimato de uma cidade desconhecida e sempre cinco minutos aquém de onde deveria ou desejaria estar. Pois sendo sempre *"in-fans"*, sem fala, ou melhor, sempre falado por sua "in-fância", num lugar e num tempo que já não são aqueles de seu passado, ele está sempre em atraso e em estado de urgência... Daí a saída intempestiva de Dora e o atraso, o anacronismo de Freud em apreender a transferência. Mesmo ele, o primeiro a dar voz e fala para o que chamou de inconsciente, era *in-fans*, sem fala, diante da velocidade atemporal dos movimentos de um sujeito em um mundo que não para de migrar, seja ele interno ou externo; pois pulsional é o movimento que arrasta, inexoravelmente, a cidadela humana.

Como desconsiderar o fato de que tanto Freud como Dora eram, os dois, emigrantes de pequenas cidades no campo, vivendo naquele momento na metrópole? Campo e cidade, natureza e cultura. É justamente esta alternância entre um lócus para sempre perdido e um novo e desconhecido lócus existencial que vem dar origem à cifra do sujeito psicanalítico, a qual já estava presente naquela que veio a ser uma das pedras de toque do pensamento freudiano, a tragédia edípica: um lugar que não era nem campo nem cidade – porque "às portas de Tebas" – assinala, há mais de 2 mil anos, o lugar da esfinge e, portanto, do enigma humano. Em 1900, como nos míticos tempos de Édipo, o sujeito continuava a sua migração com seus inevitáveis acidentes de percurso.

Se em 1900, às portas de Tebas, estavam os sonhos – as imagens – singulares e próprios de uma jovem do interior da Áustria que se mudara para a metrópole, sendo sua decifração o coração da clínica psicanalítica, cem anos depois o sonho – a imagem – que veio a ocupar esse mesmo lócus foi apenas um. Não por coincidência, também mostrava uma casa em chamas, uma enorme caixa de joias; pois não deixam de ser valores aquilo que estava guardado nas Torres Gêmeas, centro mundial do comércio globalizado, situado não mais numa metrópole, mas na megalópole-símbolo de todas as migrações do século XX, Nova York, uma cidade de alguma forma conhecida e desconhecida por todos nós.

As imagens reiteradas pelo ciberespaço que convocaram todos nós, habitantes deste planeta, psicanalistas ou não, não haviam sido produzidas por um sujeito singular e único, nem foram frutos de um relato ou de uma narrativa feitos na privacidade de um encontro com um outro sujeito singular. Não se tratava mais de decifrar o sonho e, não sendo mais o sonho de cada um, era a representação midiática de um "excesso de mundo" que, ultrapassando todo espaço subjetivo, veio a exigir testemunho e hospedagem urgentes por parte da massa humana em um mundo globalizado e perplexo, enfatizando que subjetividade e cidade, sujeito e cultura, por assim dizer, são um amálgama único. Esse fato recolocou, para nós, psicanalistas praticantes, os assim chamados textos culturais de Freud na ordem do dia: *O mal-estar na cultura*, *O futuro de uma ilusão*, *Psicologia das massas e análise do ego*, *Totem e tabu*. Confirmando também o aforisma benjaminiano de que "Há sempre um momento particular no qual se pode verdadeiramente entender um texto", pois, se seu entendimento vai sempre depender do momento histórico em que foi produzido e do momento e das condições em que é lido, seu real significado só se revela, na maioria das vezes, no escopo de uma contemporaneidade, a partir de um acontecimento que o torna, por assim dizer, legível.

Não há como deixar de reler os sonhos de Dora à luz ou, parafraseando Agamben, à escuridão neles lançada pelo percurso que a humanidade tomou nestes pouco mais de cem anos que deles nos separam. Nem há como deixar de reler dessa mesma perspectiva a obra freudiana, observando que ela se inicia com um conceito de sujeito singular e doméstico e caminha em direção a uma expansão desse conceito para um sujeito amalgamado com a massa, fruto também de seu tempo. Não teria sido grupal a primeira subjetividade, conforme ele a pensa em *Totem e tabu*? Ideia essa que vai marcar também seu último trabalho, *Moisés e o monoteísmo*, de algum modo um testamento e um alerta para que seus seguidores não se transformassem em mais um grupo religioso. Não subestimar as forças totêmicas a despeito de todo o trabalho civilizatório (e de toda psicanálise) eram suas últimas palavras. Pois a "in-fância" de cada um e de toda a humanidade nunca deixa de existir. O que significa que as forças transferenciais existentes em cada um de nós e em nosso grupo de inserção sobrevivem a toda palavra e a todo pensamento. Daí a impossibilidade de educar, governar e psicanalisar. Nossa casa ainda está em chamas e nossas cidades ainda são desconhecidas e, a despeito de todos os nossos monumentos, o nomadismo atávico se atualiza agora num nomadismo globalizado. E a estação continua a cinco minutos daqui...

Quase que a meio caminho de Dora e do 11 de setembro de 2001, o grupo psicanalítico foi assolado por dois acontecimentos traumáticos, de ordem e magnitudes diferentes, sem dúvida, mas que deixaram marcas significativas na clínica e na teorização subsequente. No final da década de 1930, numa sincronia altamente significativa, o grupo como um todo fica órfão do fundador e vive os acontecimentos da Segunda Grande Guerra. Era "a meia-noite do século", na precisa expressão de Victor Serge. Grande parte de seus componentes é lançada para o exílio involuntário. Com Viena ocupada pelo nazismo, a casa estava novamente em chamas, e a cidade, mais desconhecida que nunca. Um novo campo, o de concentração, era então criado pela paranoia humana em seu mais alto grau e dele exalava uma fumaça que, impregnando todo o continente europeu, deixou marcas indeléveis em todo o século XX e, como não poderia deixar de ser, no pensamento e na prática psicanalíticos. Perda do Pai, da pátria, da família foram fatores que influíram seja na escuta, seja nas conceituações teóricas dos psicanalistas naquele momento. E a compreensão de *setting* e de transferência se enrijeceu, cristalizando-se de forma reativa e melancólica. Terrível e assustador demais o mundo externo, fosse ele o do Velho ou do Novo Mundo, é compreensível que as análises se encolhessem para um "aqui e agora" estreito e protegido, com uma ênfase excessiva para o "mundo interno", distanciando-se de seu lugar originário, o de trânsito entre um e outro. Édipo ficou sem Tebas... Destituído de sua cidade, o sujeito psicanalítico como que migrou para uma clausura na qual sua pátria e a história estavam impedidas de entrar. A cultura era então, por suas emanações traumáticas, o não dizível, o irrepresentável por excelência. E o analisando, por assim dizer, mal estava na cultura, pois os restos diurnos eram por demais carregados para a escuta do psicanalista de então, órfão, expatriado que se encontrava.

Foi apenas num "só-depois" que a caixa de joias legada por Freud pôde ir sendo, pouco a pouco, reaberta e recolocada em uso franco pelo nosso grupo. As contribuições de Winnicott e Lacan nos anos 1950 e 1960 vieram, de algum modo, a arejar seja o *setting*, seja a escuta do psicanalista, porém, não sem provocar muito ruído e excomunhões dentro da comunidade. Mas os conceitos de espaço e objeto transicionais, por parte de um, e de Simbólico, Imaginário e Real e tempo lógico, por parte do outro, foram reabrindo o percurso freudiano e reproblematizando a ideia de aqui e agora. Também por essa época, o conceito de *rêverie* de Bion, apesar de centrado no modelo mãe-bebê, vem reintroduzir o modelo do sonho, com todos os seus restos diurnos, na prática clínica. Em nosso continente, o casal Baranger conceitua "campo psicanalítico", ampliando também o entendimento do que seria uma interpretação transferencial. E, logo a seguir, nos inícios dos anos 1980, Fabio Herrmann vem a formular seus conceitos de campo transferencial e ruptura de campo que tornam possíveis suas considerações sobre a clínica extensa, praticamente ao mesmo tempo que Marcelo Viñar vem, com seus trabalhos, mostrar uma clínica compromissada com o contemporâneo e com a história. São passados sessenta anos desde a morte de Freud e – o mundo já na era cibernética – nossa clínica resgata, em maior ou menor grau, a cidade.

O que é o aqui num contexto de desterritorialização do planeta e de reinvenção do nomadismo? O que é o agora quando fica evidente que a aceleração do tempo se dá em sincronia com um prolongamento da vida humana decorrente do desenvolvimento tecnológico? O que é o comigo quando o espaço cibernético tende a substituir aquilo que tradicionalmente entendíamos como espaço, possibilitando novos tipos de encontros? Se as bases de nosso ofício foram edificadas no início do século XX, como fazê-lo caminhar no início do século XXI? O problema se torna mais amplo se atentarmos para o fato de que a palavra latina *seculum* significava, em sua origem, o tempo de duração da vida de um ser humano. Somente mais tarde veio a adquirir o sentido de cem anos...

Em 1786, aos 37 anos de idade e já um homem famoso, Goethe inicia uma viagem que duraria dois anos à Itália. Três meses depois de partir de Weimar, já em Roma, ele escreve "Sigo sendo sempre a mesma pessoa, mas creio ter mudado até os ossos" e, alguns meses depois, em Nápoles, "Pareço a mim mesmo uma pessoa totalmente diferente. Ontem pensei comigo: ou você era louco antes ou tornou-se agora". Palavras altamente significativas para se pensar o impacto que a ultrapassagem de fronteiras e o contato com uma outra cultura provocam em cada um de nós. Se, há pouco mais de dois séculos, a fronteira em questão era a que separava a Prússia da Itália, necessitaríamos de um novo Goethe para articular o impacto vivido por cada um de nós quando todas as fronteiras parecem ter sido ultrapassadas e a cultura ocidental se questiona ao se confrontar com a oriental.

Em 16 de janeiro de 1787, Goethe escreve que todos os artistas de Roma estão de luto, pois o rei de Nápoles, legítimo herdeiro dos Farnese, vai levar para seu palácio o *Hercules Farnese*, cópia romana em bronze de um original grego do século VI a.C., encontrada no século XVI nas escavações das Termas de Caracalla. Mas, acrescenta Goethe, "a ocasião nos permitirá ver algo que nossos antepassados jamais puderam ver". Quando a escultura havia sido encontrada em terreno de propriedade dos Farnese, dela faltavam as pernas, dos joelhos até o tornozelo, existindo, porém, os pés e o pedestal sobre o qual ela estava assentada. Para refazer as partes faltantes, havia sido convocado Guglielmo della Porta, repousando a estátua sobre as partes restauradas até então. Entretanto, as pernas antigas e verdadeiras foram encontradas, algum tempo depois, em terreno dos Borghese, estando, até aquele momento, expostas na Villa Borghese. E, só naquele momento, no final do século XVIII, o príncipe Borghese abriu mão daquelas pernas e, doando-as ao rei de Nápoles, a estátua pôde enfim ser restaurada.

Original grego em mármore do século VI a.C., cópia romana em bronze do início da era cristã, possivelmente saqueada e perdida nas invasões bárbaras, ressurgimento e restauração parciais no século XVI, restauração final no século XVIII, quando de sua transferência de Roma para o reino de Nápoles: numa estátua, estão condensados e documentados os fatos que fizeram a história da cultura ocidental ou, por assim dizer, as pernas de nossa cultura, de nosso pensamento. Em psicanálise, não lidamos com estátuas, todos sabemos. Mas o que não parece ser de conhecimento de todos os analistas é que nosso acervo teórico, mais do que definir o que seja um ser humano, não é mais do que um documento, extremamente importante, sem dúvida, dos fatos históricos ocorridos desde a criação do documento primeiro, o original. Da mesma forma que o *Hercules Farnese* aponta para a reprodução do ser humano dentro de sua historicidade, é necessário olharmos nosso corpo teórico e prático dessa mesma perspectiva. Ou, como teorizou Fabio Herrmann (1979), a partir dos campos transferenciais em que cada teoria foi criada. É para isso também que aponta o livro de Green (2008), *Orientações para uma psicanálise contemporânea*, ao mostrar que o movimento psicanalítico é feito por pessoas comuns, sujeitas a todas as vicissitudes da inserção político-grupal... E é para essa reflexão que a clínica contemporânea nos convoca.

Se, em 1900, a ênfase da clínica freudiana era colocada na decifração e na interpretação do sentido recalcado – aquilo que Freud chamou de infantil –, a partir dos anos 1920 ela vai sendo transformada em decorrência de suas próprias teorizações e, já em 1919, a partir das considerações de *Mais além do princípio de prazer*, a tarefa do analista, a interpretação, assim como o sonho, passa a ter uma função reparadora do próprio tecido psíquico, do próprio Ego, traumatizado e lacerado que se encontravam pelos restos diurnos. O aqui e agora se aproximava, portanto, mais de uma busca pela representação possível de um sujeito em ruínas a partir de suas próprias ruínas do que da decifração de um passado histórico localizado em um tempo linear e homogêneo. Logo a seguir, seu conceito de *Verleugnung*, denegação, vem denunciar um sujeito reificado e fetichizado. Não são justamente essas as questões essenciais da clínica contemporânea?

Não são as ruínas das Torres Gêmeas a melhor alegoria para o sujeito que habita hoje nossos consultórios, como que a marcar num mesmo aqui e agora a presença sincrônica de cultura e barbárie, de tecnologia e *arché*? As chamas civilizatórias sempre criaram as imagens de nosso acervo representacional.

"*Tenho duas certidões de nascimento, a primeira, só com o nome de minha mãe; a segunda, tirada anos depois, também com o nome de meu pai.*" Foi assim que um jovem rapaz apresentou-se a mim naquela primeira entrevista, três anos atrás. Embora estivesse apenas de passagem por São Paulo, pois em dois dias voltaria ao continente em que trabalhava, estava buscando um analista porque não suportava mais aquilo que chamava de *"seus muitos momentos de depressão"*. Seu trabalho o obrigava a deslocar-se por países diferentes no período de uma mesma semana, o que o impedia de encontrar-se com um analista pessoalmente numa frequência determinada. Assim começaram nossos encontros, na maioria das vezes por Skype, e, quando de passagem pelo Brasil, da maneira tradicional, em meu consultório. "*Não saia daí*" foi o que me respondeu ele quando questionei a validade e a eficácia dessas sessões, mais ou menos um mês depois da entrevista inicial, deixando claro para mim que eu significava a existência de um lugar de referência para quem vivia em migração constante. Cabia a mim sustentar a existência desse lugar. Para quem vivia em aeroportos e quartos de hotéis, o lugar da transferência não era o "lugar outro", mas sim "o lugar estável", um "aí" específico que possibilitava uma existência não anônima. "Dr. Marcio, acabei de completar hoje minha 87ª viagem internacional desses últimos 10 meses." O desconforto que eu vivia pelo fato de estar atendendo via Skype, experiência absolutamente nova e transgressora para mim, só se atenuava ao pensar o quão desconfortável deveria ser para ele atravessar tantas fronteiras em tão pouco tempo; e pelo fato de ele estar "presente" sempre, nos horários marcados a despeito de todas as diferenças de fuso horário existentes entre nós. E das interrupções ocasionais da rede durante nossas conversas.

Pouco a pouco, fui me dando conta de que eu não o interpretava, do ponto de vista daquilo que tradicionalmente eu fazia com meus outros pacientes, mas sim que enfatizava alguns pontos de sua fala, pedia esclarecimentos sobre outros, fazia associações próprias a partir de alguns de seus relatos, pedia descrições da cidade onde ele se encontrava naquele momento, configurando-se para mim que minha fala tinha basicamente por função favorecer e ancorar a potencial narrativa de uma experiência de vida tão diferente da minha. Se, de meu lado, eu tinha uma casa com endereço fixo, um consultório feito a meu modo para atender meus pacientes, trabalhava em minha língua pátria; do lado dele, tudo era diverso, muito próximo daquilo que Marc Augé (1998) conceituou como "não lugares". Numa de nossas conversas, sugeri-lhe que o lesse. Alguns dias depois, ele exclamou: "*dr. Marcio, eu sou um não lugar*". E continuou associando que entendeu agora por que colecionava as chaves de todos os quartos de hotel por onde se hospedava e todos os cartões de embarque dos aeroportos pelos quais passava. "*É um jeito de ter alguma coisa minha, alguma coisa que me dê a sensação de que tudo existiu de fato*", ele concluiu.

Sonhava frequentemente com seus amigos brasileiros: "*Nada demais, apenas que estamos sempre em turma, conversando, fazendo churrasco, coisas assim*". O "nada" que era "demais", eu lhe disse, era nunca se sentir reconhecido, sentir-se sempre anônimo. Sua resposta foi rápida e certeira: "*É por isso que fico sempre mal quando, ao passar na alfândega, cumprimento todo sorridente o funcionário, pois já o vi ali inúmeras vezes, e ele me olha como quem não está nem aí?*".

"Não estar nem aí", "não saia daí": a reiteração do advérbio de lugar foi me assegurando que um percurso histórico-existencial estava sendo traçado. E com um novo sonho, um ano depois de nosso primeiro encontro, aparece uma bela representação de nosso trabalho conjunto. "*Tive um sonho tão engraçado esta noite. Eu estava aí em São Paulo e ia comer* capelletti." O "aí" é definido, São Paulo, possibilitando e denunciando a existência de cabeças, a dele e a minha, que, rimando num "etti" – reconstrução de trás para a frente do nome transferencial do pai, Giovannetti –, tornam-se capazes de ancorar um segredo.

> *Nunca falei para ninguém, nem para o senhor, mas agora preciso dizer. Na maioria dos fins de semana, o sentimento é insuportável e tenho que desligar de tudo. Me abasteço de fumo e passo três dias fechado, fumando um após o outro. Quero mudar isso, e preciso de sua ajuda.*

Ao dizer essas palavras, ele me convoca a testemunhar o inarrável, o seu não lugar, aquilo que até então não tinha representação outra que "uma certidão de nascimento sem o nome do pai" e o "nem aí". Um ano depois:

> *Estou puto com ele, pois me disse que, ao invés de ficar na casa dele em Paris, ele reservou um hotel cinco estrelas, dizendo que assim eu ficaria melhor acomodado. Será que ele não entende que só estou indo para lá para ficar com ele?*

No lugar daquele nome faltante, o do pai, havia colocado por um bom tempo o nome de uma multinacional conhecida por todos, dando-lhe suporte para o "reconhecimento" necessário para a existência de toda e qualquer subjetividade. Daí a importância de seu emprego, a despeito de todas as vicissitudes nele vividas.

Em O *que resta de Auschwitz*, Agamben (2008) fala das duas palavras latinas que deram origem à palavra testemunha. *Testis*, com o sentido daquele que se põe como terceiro em um litígio ou um processo, e *superstes*, como aquele que viveu algo, que atravessou até o final um acontecimento e então pode dar testemunho disso. E é justamente neste último sentido que penso aquilo que chamo de "função testemunho" do psicanalista.

Diferentemente da função interpretante e da função continência, a função testemunho é aquela que se dá sem que o analista tenha estado dela consciente, embora não signifique de forma alguma que seja uma função passiva, isto é, algo que venha dado em toda e qualquer análise. Sendo, ao mesmo tempo, causa e consequência tanto da função interpretante quanto da função continência, ela ocupa, por assim dizer, um terceiro espaço, um espaço fronteiriço entre uma e outra, o espaço da travessia do acontecimento experimentado no aqui e agora transferencial. Por isso, ela possibilita o conhecimento e também o reconhecimento de todos os tempos que estão presentes na fala viva e contemporânea do acontecer psicanalítico. Sendo suspensão da interpretação, ela age justamente no ponto de cruzamento entre a ruína, os restos do passado e a potencial construção do futuro, num agora que não é nem subjetivo nem objetivo, nem intrapsíquico nem extrapsíquico, mas, por isso mesmo, um agora simultaneamente histórico e revolucionário. E o é tanto para o analisando quanto para o analista, pois, ressignificando tanto o lugar de um quanto o do outro, aponta para a existência das "duas certidões de nascimento" de cada um, uma que se fez no passado e outra que se faz no contemporâneo, no momento mesmo de cada sessão.

Foi só após algum tempo de travessia conjunta com este meu analisando que pude ir me dando conta dessa função testemunho, essencial, a meu ver, em toda análise. Uma boa forma de expressá-la me foi dada por ele: "Estar aí", neste lócus fronteiriço, aquém de toda interpretação e além da continência, lócus originário daquilo que ainda virá a ser transferência, lócus da transferência ainda em estado potencial. Um lugar e um tempo, por assim dizer, nos quais todos nós, analistas posteriores a Freud, estamos ainda libertos de toda a transferência que temos para com sua obra e com a de seus seguidores.

Nós todos, psicanalistas, temos uma certidão de nascimento originária do encontro de Freud e Dora. E outras que fomos adotando ao longo de nosso percurso profissional, nos encontros com nossos analisandos, com nossos mestres, incluídos aí os chefes de escolas psicanalíticas. Mas é essencial que nenhuma delas seja tomada como a definitiva, pois isso impediria a escuta da palavra viva daquele que chega hoje até cada um de nós. Pois só ela é portadora de uma contemporaneidade que escapa a nós, analistas, acostumados que temos estado a um *setting* construído ao longo de um século e, por isso mesmo, como o *Hércules Farnese*, carregado e sombreado por todo esse percurso histórico... O que nosso jovem analisando nos diz hoje, seja pelos novos códigos digitalizados, seja pelas novas figuras clínicas apresentadas, se bem escutada, é a palavra que pode nos libertar do ranço de uma excessiva patologização do psiquismo humano, colocando em questão muitos de nossos precipitados conceituais que têm muito mais a ver com a forma de pensar de nossos mestres em um determinado momento histórico do que com uma apreensão acurada e atemporal daquilo que caracteriza o humano. É fato que não podemos prescindir de nossos conceitos, mas considerá-los como fixos e estáveis é, no mínimo, desprezar o mais básico dos ensinamentos de Freud, que, ao longo de sua obra, nunca deixou de marcar o caráter transitório e migratório de sua teoria.

Quando falamos do mundo achatado e líquido do sujeito contemporâneo, estamos incorrendo no mesmo achatamento e estreitamento que pretendemos denunciar. Um jovem paciente, alguns anos atrás, me deu uma descrição paradigmática do parto deste novo sujeito nascente. Estudante de medicina, ele passava pela obstetrícia quando foi chamado para um parto. *"Separar o que era a cabeça do feto daquilo que era o imenso condiloma vaginal da mãe foi muito difícil."* O que nós precisamos encarar como analistas é que ainda não sabemos com clareza o que é a cabeça humana e o quanto dela é separável do corpo e do condiloma maternos. Esta é a difícil e imensa tarefa a que somos convocados.

Definir qual é o sujeito, ou qual é a subjetividade de nossos novos pacientes, aqueles nascidos pós-revolução cibernética, para os quais "os acontecimentos desfilam como num *travelling*, o tempo de reflexão sofre um curto-circuito e a tela quebrou a distância entre o acontecimento, a imagem e a percepção... [onde] a proliferação de imagens é tamanha que já ultrapassamos um limiar crítico que impede uma decodificação real", (Baudrillard, 2003) é nossa tarefa contemporânea. E ainda, como estabelecer um processo analítico quando o *tempo* se torna *tão exíguo* e a *permanência*, um conceito absolutamente alheio à velocidade das transformações do mundo?

Não sei se conseguiremos responder a essas perguntas, mas, seguramente, não conseguiremos sequer fazê-las se nos aferrarmos de forma melancólica a muitas de nossas cristalizações práticas e teóricas. Receber em nosso rosto o facho de escuridão lançado pelo contemporâneo, sabendo também que estamos situados na fratura de dois séculos, é aquilo para a qual a clínica contemporânea nos convoca. Pois, como no sonho de Dora, a casa continua em chamas, a cidade continua desconhecida e a estação está ainda a algum tempo daqui.

Referências

Agamben, G. (2009). Che cosa è il contemporaneo. In G. Agamben, *Nudità*. Roma: Nottetempo.

Agamben, G. (2008). *O que resta de Auschwitz*. São Paulo: Boitempo.

Augé, M. (1998). *Los no-lugares*. Barcelona: Editorial Gedisa.

Baudrillard, J. (2003, 2 de nov.). Os limites do fotojornalismo. *Folha de S.Paulo*, Caderno Mais.

Benjamin, W. (2006). *Passagens*. Belo Horizonte: UFMG.

Benjamin, W. (1987). *Rua de mão única*. São Paulo: Brasiliense.

Freud, S. (1901-1905/1996). *Fragmentos da análise de um caso de histeria* (Edição Standard Brasileira das Obras Psicológicas Completas de Sigmund Freud, Vol. 7). Rio de Janeiro: Imago.

Freud, S. (1913-1914/1996). *Totem e tabu* (Edição Standard Brasileira das Obras Psicológicas Completas de Sigmund Freud, Vol. 13). Rio de Janeiro: Imago.

Freud, S. (1920-1922/1996). *Psicologia das massas e análise do ego* (Edição Standard Brasileira das Obras Psicológicas Completas de Sigmund Freud, Vol. 18). Rio de Janeiro: Imago.

Freud, S. (1927-1931/1996). *O mal-estar na cultura* (Edição Standard Brasileira das Obras Psicológicas Completas de Sigmund Freud, Vol. 21). Rio de Janeiro: Imago.

Freud, S. (1937-1939/1996). *Moisés e o monoteísmo* (Edição Standard Brasileira das Obras Psicológicas Completas de Sigmund Freud, Vol. 23). Rio de Janeiro: Imago.

Giovannetti, M. de F. (2006). Hospitalidade na clínica psicanalítica. *Revista Brasileira de Psicanálise, 39*, 25-32.

Giovannetti, M. de F. Inquietações na clínica psicanalítica hoje. In IDE.

Green, A. (2008). *Orientações para uma psicanálise contemporânea*. Rio de Janeiro: Imago.

Herrmann, F. (1979). *Andaimes do real*. São Paulo: EPU.

Herrmann, F. A clínica extensa.

Sobre a narrativa freudiana[1]

Na abertura do primeiro relato clínico psicanalítico, o caso Dora, Freud adverte seu leitor que as páginas que se seguem não são as de um *roman à clef*. Ciente do impacto que um descerramento provoca, ele, que já havia experimentado esse impacto quando da elaboração de *A interpretação dos sonhos*, ao tomar seus próprios sonhos como fio condutor e foco narrativo, sentia-se obrigado a fazer esse alerta ao leitor diante da observação da cena humana em sua nudez. Não sendo portanto para serem chaveadas, as páginas de seu "Fragmentos da análise de um caso de histeria" são, junto com *A interpretação dos sonhos*, a chave de abertura para uma narrativa nova, estranhamente inquietante, *Unheimlich*, pois, tendo o inconsciente como objeto, concebe-o, ao mesmo tempo, como estando além do conhecimento substantivo de seu conteúdo. E denuncia, assim, o preconceito substancialista existente até então no discurso da ciência.

Com Dora, Freud introduz e desvela a cena psicanalítica, a cena dialógica e da intersubjetividade, na qual toda palavra é

---
1 Uma versão anterior deste texto foi publicada na *Revista ide*, n. 28, jul. 1996.

polissêmica, nunca fechada em si mesma, aberta por sua não completude, sua falha e seu excesso, à palavra do outro e à outra palavra, polissemia essa decorrente de seu potencial evocador e rememorativo de outras palavras e de outros sentidos, de sua *poiesis*. Assim, as páginas de Dora, apenas fragmentos, no dizer de Freud, situam-nos de chofre na problemática da realidade psíquica, realidade relacional por excelência por pressupor sempre uma interpretação, a *Deutung*. Uma interpretação que nunca é exterior à subjetividade de quem a propõe. "Não seria a tarefa do narrador trabalhar a matéria-prima da experiência – a sua e a dos outros – transformando-a num produto sólido, útil e único?", escreveu Walter Benjamin (1985) anos depois, em seu famoso ensaio sobre o narrador. Essa havia sido a tarefa realizada e narrada por Freud por meio das páginas de *A interpretação dos sonhos* e de Dora, iniciáticas que são para toda sua obra.

Se seu primeiro caso clínico psicanalítico foi o seu próprio, essa exposição de si mesmo por meio de seus sonhos tinha o intuito de dar a conhecer o narrador de sua obra não como um narrador informativo e onisciente, aquele que pressupõe um saber, mas sim como um narrador que vai se constituindo enquanto narra, um narrador que "não está interessado em transmitir o puro em si da coisa narrada como uma informação ou relatório, mas que mergulha essa coisa em sua própria vida, para em seguida retirá-la de si mesmo" (Benjamin, 1985). A prova cabal desse mergulho é o desvelamento de si mesmo por meio da análise dos próprios sonhos, trabalho ao mesmo tempo de criação e de elaboração do luto pela morte de seu pai. É aí que se constituem e emergem, simultaneamente, o narrador e o homem freudiano, esse ser desejante e enlutado e que é, ao mesmo tempo, senhor e escravo de si mesmo. "Pai, não vês que eu estou queimando?" são as palavras que dão início à elaboração primeira da teoria do inconsciente, o famoso capítulo sétimo de *A interpretação*. O homem freudiano é simultaneamente pai e filho, ambos encerrados num cenário em chamas.

É também num cenário onírico e em chamas que emerge Dora, a primeira análise depois da sua própria autoanálise. Estava em 1901, inaugurando com o século que se iniciava o percurso da narrativa do desejo, narrativa que fica entre chaves, impublicável, até 1904 e que continua por meio de um refazer-se, de um deslocar-se, de um condensar-se constantes até 1939, ano de sua morte. Se o primeiro sonho contado por Dora falava da necessidade de abandonar uma casa em chamas e o segundo de um caminhar por uma cidade desconhecida, frustrado em seu fim de encontrar a estação que estaria sempre "a cinco minutos daqui", eles são a própria cifra da narrativa que aí se iniciava. Pois a narrativa freudiana pressupõe o abandono do "aconchego de uma casa no campo" e um caminhar por lugares, "uma cidade sempre desconhecida", e a próxima estação, "sempre a cinco minutos daqui", demarcando já de início sua incompletude.

Assim, o narrador Freud começa a se constituir como participante de uma nova cena, pois é com Dora que irrompe com toda a força a cena da sexualidade humana. Por meio de uma ciranda amorosa que tem como pano de fundo o livro de Mantegazza, a adolescente e interiorana Dora chega ao consultório vienense do doutor e professor no auge de seu vigor criativo. São os soluços amorosos de Dora originados na ciranda amorosa familiar que ganham palavra e sentido naqueles encontros altamente carregados de sexualidade. Mas só depois da ruptura, pois é só depois de Dora ter abandonado as sessões de psicanálise que Freud articula o conceito central da nova clínica, o de transferência. Sua cena é a da histeria, a cena da sedução e do abandono, a cena do corpo erógeno que, pondo em questão a existência de uma anatomia verdadeira, estabelece o subentendido como condição para o diálogo e a memória e as reminiscências como constituintes de uma subjetividade histórica que questiona o conceito de fato e de tempo. Inaugura-se assim o campo da transferência, o campo do presente contínuo, o campo da sexualidade na infância e do infantil na sexualidade.

E é no "só-depois" de Dora que também aparecem os *Três ensaios sobre a sexualidade*. Se o livro de Mantegazza descrevia a sexualidade humana como conhecida até então, o campo transferencial desvelava suas outras e perturbadoras representações. E o corpo erógeno se mostrava agora, sem nenhum traço de pudor, polimorfo e perverso. Oralidade, analidade e genitalidade se deslocavam numa nova ciranda, ampliando o conceito de sexualidade e trazendo a pulsão à frente da cena.

O percurso da narrativa continua e, cinco anos depois, a publicação simultânea da "Análise de um caso de fobia infantil" e de "O Homem dos Ratos" vem configurar a nova cena do curioso e assustado animal humano, um animal que se desloca, tentando dividir seu mundo em territórios transitáveis e intransitáveis. É assim com o pequeno Hans, que, recusando-se a sair de casa, observa assustado a cidade, mais precisamente a estação de trens, com seu intenso movimento de ir e vir de pessoas e animais. Desenha uma girafa, animal de pescoço longuíssimo, autorretrato metafórico que condensa o medo e a curiosidade do pequeno animal humano diante do crescimento da barriga de sua mãe. É assim com o jovem militar que, em manobras nas fronteiras do já quase implodido império austro-húngaro, tortura-se obsessivamente com as histórias que ouvira contar a respeito do tratamento dispensado a prisioneiros de guerra, e procura Freud, assustado e curioso depois de ter lido alguns de seus textos. Para ambos, a animalidade ou, melhor dizendo, a perda da fronteira entre o mundo humano e o mundo selvagem é central. Para Hans, seu pai poderia ser um cavalo que o mordesse; para o militar, os fragmentos decorrentes da canibalização da figura paterna retornariam como ratos que, numa reviravolta, o penetrariam pelo ânus, devorando-o pelas vísceras.

O que é o homem? O que é esse animal que é o rei de cidades e estados em constante ameaça? É nessa nova estação, nessa nova cena que o enigma proposto pela esfinge vem a adquirir sua ressonância máxima. A curiosidade de Hans atiçada pelos gritos de sua mãe ao dar à luz sua irmã e pela visão das bacias de sangue que saíam de seu quarto articulam a pergunta-enigma da esfinge a Édipo, que, desde o início da obra freudiana, é seu fio condutor. Para tentar respondê-la, Freud partira de um autorretrato onírico. Depois, em Dora, elaborara o retrato de uma jovem mulher que, diante dele, exibia sedutoramente sua pequena bolsa e relatava sua visita ao museu de Dresden, onde passara horas contemplando o retrato da Madonna com o Bambino sagrado. E é da profanação desse "Bambino" que emerge Hans, o menino agorafóbico, jogado que está na cidadela humana.

E o olhar penetrante de Freud se ressignifica através do emblemático relato do Homem dos Ratos. Não eram justamente os óculos do qual ele estava encarregado a causa de seus sintomas? "Pede-se fechar um olho ou pede-se fechar os olhos" era a inscrição na tabuleta do cemitério daquele sonho tido por Freud na noite da morte de seu pai. O provável extravio dos óculos dava início aos torturantes pensamentos obsessivos do militar austro-húngaro depois da morte seu pai. E a imagem que se forma, então, do ser humano já não é tão nítida, é trêmula como as fronteiras do império austro-húngaro naquele momento e como a cidade de Tebas milênios atrás. A cena humana, inicialmente sexual, começa a ser tingida por cores mais sombrias, as da sua selvageria, as da sua agressividade.

Oito anos depois do início de sua narrativa, as dúvidas obsessivas do Homem dos Ratos são a grande metáfora para o contágio provocado pelo olhar freudiano à doxa científica clássica, suas ideias já ultrapassando as fronteiras de sua Viena. Sua clínica também se expande para além dos pacientes: Leonardo da Vinci e o juiz Schreber, ambos analisados por meio de escritos, são objetos de sua análise. O primeiro como metáfora maior da genialidade e da criatividade humanas; o segundo, emblema de sua paranoia e de sua megalomania travestidas de razão científica. Os dois polos, os dois extremos que delimitam a cena na qual o ser humano, desejante, curioso, agressivo e torturado, mostra-se também irremediavelmente dividido e fragmentado. Com *Leonardo da Vinci e uma lembrança de sua infância*, estudo feito a partir de uma biografia de da Vinci, e com "O caso de Schreber", análise do livro *Memórias de um doente de nervos*, escrito pelo juiz, Freud vem enfatizar o papel das lembranças e das evocações na constituição do humano. Em Freud (1972), ele escreve:

> *Muito diferentes das lembranças conscientes da idade adulta, as lembranças da infância não se fixam no momento da experiência para mais tarde serem repetidas; somente surgem muito mais tarde, quando a infância já acabou; nesse processo sofrem alterações e falsificações de acordo com os interesses de tendências ulteriores, de maneira que, de modo geral, não poderão ser claramente diferenciadas de fantasias. Talvez se possa melhor explicar-lhes a natureza comparando-as com o começo da crônica histórica entre os povos da antiguidade. Enquanto as nações eram pequenas e fracas, não cuidavam de escrever sua história. Os homens lavravam suas terras, lutavam com seus vizinhos defendendo sua sobrevivência e procuravam conquistar mais territórios e riquezas . . . Os relatos históricos, que começaram por*

> *anotar os acontecimentos do presente, voltam-se então para o passado, recolhendo lendas e tradições, interpretando os vestígios da antiguidade que ainda subsistiam em usos e costumes. Dessa maneira criou-se uma história do passado. Era inevitável que essa história primitiva fosse a expressão de crenças e desejos do presente e não a imagem do passado ... Além do mais, o motivo que levava as pessoas a escreverem história não era uma curiosidade objetiva, mas sim o desejo de influenciar seus contemporâneos, de animá-los e inspirá-los, ou mostrar um exemplo onde mirar-se. (p. 77)*

E em "Schreber":

> *Nos sonhos e nas neuroses, assim dizia nossa tese, deparamos mais uma vez com a criança e as peculiaridades que caracterizam suas modalidades de pensamento e sua vida emocional. E deparamos também com o selvagem, podemos agora acrescentar, com o homem primitivo, tal como se nos revela à luz das pesquisas de arqueologia e da etnologia. (p. 107)*

Nessa leitura em crise, consequente ao alargamento das noções de memória e de pesquisa e, portanto, de história e historiografia, é que vai sendo estruturado o conceito de narcisismo. E é por meio dessa polarização, dessa *Spaltung*, de Schreber-da Vinci que começam a se evidenciar o campo e a cena do seu provavelmente mais polêmico trabalho – *Totem e tabu* –, que resgata, recupera e recria o ato civilizatório: o assassinato do Pai e o banquete totêmico. Sua narrativa, que se iniciara com um mergulho em seu autorretrato, o de um homem letrado, um doutor, do final do século XIX, passara pelo retrato de uma jovem interiorana, pelo de uma criança impactada com sua cidade, pelo de um soldado torturado e imerso no cenário de um império que se desfazia, passando pelo paradoxo genialidade-paranoia, é em si mesma um ato provocador de profunda ferida no narcisismo humano, desvelando a selvageria inerente à civilização. Assim, a história da espécie humana é construída e reconstruída em torno do significante primevo, o Pai, que, retornando canibalizado por seus filhos, é o fundador da cultura. Se o pai descrito em Dora era permissivo, licencioso, quase amoral em sua atitude de oferta da filha para a fruição sexual de um outro, ele ressurge em *Totem e tabu* como sua antítese, implacável, possessivo, instaurador do poder soberano, da Lei.

É assim, à maneira de um Dante às avessas, que Freud vai estruturando não a Divina, mas a Profana Comédia, na qual não há céu nem inferno, apenas a terra e seus habitantes, retratados com novas e ousadas tintas numa epopeia que ressignifica o percurso humano, remapeando seu território. E, nesse percurso, retoma seu ponto inicial, os sonhos, agora retratados a partir dos restos diurnos e do conceito de narcisismo. Pois é no trabalho que veio a chamar de "Suplemento à metapsicologia dos sonhos" que vem enfatizar o anseio cotidiano de todos nós pela volta às origens, ao estado de natureza, por assim dizer. Desfazendo-se de toda aquisição ou de toda roupagem cultural, cada um de nós busca, toda noite, voltar ao útero materno, a natureza. Mas como o caminho é irreversível, sem volta possível, os sonhos são a evidência de que o mundo e a história nos exilaram para sempre daquele estado de pureza natural. Os restos diurnos são, ao mesmo tempo, provocadores dos sonhos e ferida exposta em nosso narcisismo primário.

E é justamente do remapeamento do mundo que emerge o novo caso clínico, o novo retrato do humano, proveniente que é da Revolução Russa seu novo paciente, Sergei, o "Homem dos Lobos". Exilado, expatriado, destituído de suas posses e de sua nobreza, Sergei presta-se para Freud formular a narrativa da infância perdida, do distanciamento do solo natal, do irreversível. É uma cena onírica que vem configurar a cena da temporalidade sem retorno, a cena da abertura abrupta de uma janela, na qual os lobos são o reflexo especular do sujeito humano, agora exilado de seu narcisismo. A abertura abrupta da janela, os cinco lobos estáticos situados nos galhos secos de uma árvore compõem o quadro da genealogia e da inserção histórica do sujeito. Pois a árvore com os lobos é a metáfora do relógio, da temporalidade e, portanto, da mortalidade. "A las cinco de la tarde. Eran las cinco en punto de la tarde. . . . Eran las cinco en todos los relojes", escreveu García Lorca sobre o momento em que tudo se decide, a hora do touro e não a do toureiro. A hora do lobo. O despertar aterrorizado de Sergei nos faz também acordar para o significado duplo desta cena – a cena primária, no dizer de Freud: houve um tempo antes de qualquer um de nós e haverá um tempo depois. Se o *background* de Hans era o aconchego familiar, o estar dentro de casa com os pais reunidos a seu redor, o do Homem dos Lobos é a expatriação, o exílio, o estar sempre de fora. A perda, o luto e a melancolia são a cifra dessa nova figuração do humano.

A partir desse momento, que coincide com a Primeira Grande Guerra, a narrativa freudiana, como que num processo jurídico sempre passível de revisão, reabre-se sobre si mesma, retomando a estrada régia de sua origem para seguir seu percurso, acentuando a compulsão à repetição como uma reação à finitude da vida, isto é, à castração. Os sonhos tomados agora como referência são aqueles que se repetem, os dos traumatizados de guerra. E sua função maior é a da reparação de um psiquismo fraturado, machucado, e não apenas desejante. A cena que fora sexual em seus tempos iniciais estava agora sombreada pela morte, não a do pai, mas a de todos nós. E o sentido da frase de abertura do célebre capítulo VII de *A interpretação dos sonhos*, "Pai, não vê que estou queimando?", ressoa em outro patamar, para além do prazer. O da pulsão de morte. O de "Uma criança está sendo espancada" e do "estranho", o *Unheimlich*.

A nova criança, diferentemente de Hans, não pergunta apenas de onde veio. Ela joga com o carretel, o Fort-Da, presença e ausência, vida e morte. E o mais estranho é também o mais familiar, a mortalidade que é contraponto e, ao mesmo tempo, a outra face da sexualidade. O que propicia o ponto de viragem em sua narrativa: a partir de agora, o sujeito vai se apresentar sempre em conjunção com o grupo, que vai ganhando cada vez mais espaço em sua obra, reabrindo-se a clínica freudiana. Se a vida não é mais que um *détour* em direção à morte, conforme postulou em *Mais além do princípio de prazer*, é preciso que o grupo dê suporte à sua perpetuação – o homem é mortal, a instituição humana permanece. E, como que numa retomada de *Totem e tabu*, o cenário humano é a civilização, a cultura com seus mandos e desmandos.

Psicologia das massas e análise do Eu, *O futuro de uma ilusão* e *O mal-estar na cultura* são os textos que denunciam o seu novo "caso clínico", a instituição humana, emergindo a crença como sua grande âncora. O ser humano é um crente. Seu chão é a crença. Seja ela em seus líderes, em suas religiões, em suas teorias científicas. O sujeito humano precisa de seus fetiches para sobreviver. É o fetiche que vem revestir de brilho a precariedade da condição humana...

Já em sua última década de vida, resta para Freud apenas o nome que não o abandona desde sua juventude: Moisés. Abordado primeiramente no meio de sua narrativa, há mais de vinte anos, num artigo publicado sem assinatura e que tinha como mediador um outro mestre da representação humana – Michelangelo –,

Moisés, o patriarca judeu, ainda o atormenta como figura representável. "Moisés não abandona a minha imaginação. Tornou-se uma fixação para mim. Não consigo me afastar dele nem avançar com ele", confessara a Eitingon. Um patriarca e seu povo, um líder e seu grupo, ou o grupo humano e sua necessidade básica da criação de um líder que o conduza à terra desejada, prometida, vem a ser, então, a derradeira figuração da condição humana, da qual o caminhar, o êxodo e o exílio são estruturantes: nossa casa está sempre em chamas, a cidade é sempre desconhecida e a estação sempre a cinco minutos daqui...

Mito ou história, essa é a pergunta que norteia a narrativa sobre o monoteísmo. Moisés, um estrangeiro, é a representação última do homem freudiano, representação essa que, ao questionar a realidade de sua própria existência, recoloca em andamento o processo questionador da própria história, ressignificando as crenças já estabelecidas, interpretando livremente os textos sagrados. Provavelmente, junto com *A interpretação dos sonhos*, seu trabalho mais difícil de ser escrito, *Moisés e o monoteísmo* é também seu corolário. No primeiro, temos a exposição de um homem ante a morte de seu pai. No último, escrito durante sua última década de vida, a exposição de um grupo diante da morte de seu patriarca. O primeiro escrito no que ele chamou de estado hipnoidal. O último, num estado de aguda consciência de estar no mundo.

Maurice Blanchot (1969) escreveu que

> *falar com alguém é aceitar não o introduzir no sistema de coisas a saber ou dos seres a conhecer, mas reconhecê-lo desconhecido e acolhê-lo estrangeiro, sem obrigá-lo a romper sua diferença. Nesse sentido, a palavra é a terra prometida onde o exílio se realiza numa estadia, pois não se trata ali de estar em casa, mas sempre*

> *fora, em um movimento no qual o estrangeiro se entrega sem se renunciar. (p. 86)*

Não me parece que o homem tenha tido, até agora, interlocutor mais respeitoso à sua estrangeiridade e à sua diferença que Freud. Com sua aguda escuta e preciosa escrita – sua extensa narrativa – ele deu acolhida ao êxodo, ao exílio e à estranheza característicos da existência humana. Ninguém como ele reconheceu o homem tão estrangeiro, tão desconhecido em sua subjetividade que necessitasse ser escutado em sua própria fala por um outro, semelhante mas completamente diferente, para que sua história, como a de Moisés, pudesse ser re-dita, re-escrita, re-articulada, re-aberta em sua natural processualidade.

Em *Totem e tabu* ele sinalizava que, após o assassinato do Pai Primevo, os irmãos devem ter se entreolhado *Unheimlich*, de modo inquietante: o mundo já não era mais o mesmo, tendo que esperar o surgimento do primeiro poeta épico para articular em narrativa aquela cena. Quando *Moisés e o monoteísmo* vem à luz, em 1938, Freud nos apresenta o Moisés fundador, assassinado por seus seguidores, que, herdando as consequências do parricídio, tentam corrigir suas lembranças. Moisés, fundador de uma religião, líder de um povo, autor do livro do Êxodo, é tratado à luz do complexo de Édipo, de sua aplicação à pré-história, enfatizando a relação de um líder com seu povo e o componente ilusório de toda religião.

Não era ele mesmo o fundador de um movimento que corria o risco, desde sua origem, de se tornar fato religioso? Não era o território descoberto por ele, batizado de Inconsciente, uma terra prometida às avessas, uma utopia, um lugar nenhum, pois simultaneamente todos os lugares? Sempre em um movimento transitivo e despossuído de conhecimentos aprioristicos, sua narrativa é, de alguma forma, um livro de êxodos, sem a pretensão de um ponto de chegada.

O texto sobre Moisés é publicado quando já estava em seu exílio de Londres, marcando assim, com seu gesto, o estatuto religioso do homem, expondo-se à ira dos crentes e enfatizando que a cena humana básica é o exílio. Ali, escreve seu último texto, *Esboço de psicanálise*. Sua narrativa, seu longo legado, era apenas um esboço, insistia ele. Com seu refazer-se, seu deslocar-se constante, o percurso de sua obra estrutura uma narrativa iluminadora, a do narrador por excelência, que é aquele que, nas palavras de Walter Benjamin (1985), "deixa que a luz de sua narração consuma completamente a mecha de sua vida".

Em seus últimos dias, Freud lia Balzac, *A comédia humana*. Mais precisamente, *La Peau de chagrin* [*A pele de onagro*], história de uma pele que realizava qualquer desejo de seu proprietário. Mas que encolhia depois de cada desejo realizado. Até que, ao acabar, anuncia a morte de seu dono.

Referências

Benjamin, W. (1985). O narrador: considerações sobre a obra de Nikolai Leskov. In W. Benjamin, *Magia e técnica, arte e política*. São Paulo: Brasiliense.

Blanchot, M. (1969). *L'entretien infini*. Paris: Gallimard.

Freud, S. (1901-1905/1996). *Fragmentos da análise de um caso de histeria* (Edição Standard Brasileira das Obras Psicológicas Completas de Sigmund Freud, Vol. 7). Rio de Janeiro: Imago.

Freud, S. (1901-1905/1996). *Três ensaios sobre a sexualidade*. (Edição Standard Brasileira das Obras Psicológicas Completas de Sigmund Freud, Vol. 7). Rio de Janeiro: Imago.

Freud, S. (1909/1996). *O homem dos ratos*. (Edição Standard Brasileira das Obras Psicológicas Completas de Sigmund Freud, Vol. 10). Rio de Janeiro: Imago.

Freud, S. (1909/1996). *Uma fobia infantil* (Edição Standard Brasileira das Obras Psicológicas Completas de Sigmund Freud, Vol. 10). Rio de Janeiro: Imago.

Freud, S. (1910/1996). *Uma lembrança encobridora de Leonardo da Vinci*. (Edição Standard Brasileira das Obras Psicológicas Completas de Sigmund Freud, Vol. 11). Rio de Janeiro: Imago.

Freud, S. (1911-1913/1996). *O caso de Schreber*. (Edição Standard Brasileira das Obras Psicológicas Completas de Sigmund Freud, Vol. 12). Rio de Janeiro: Imago.

Freud, S. (1913-1914/1996). *Totem e tabu*. (Edição Standard Brasileira das Obras Psicológicas Completas de Sigmund Freud, Vol. 13). Rio de Janeiro: Imago.

Freud, S. (1917-1918/1996). *Uma criança está sendo espancada*. (Edição Standard Brasileira das Obras Psicológicas Completas de Sigmund Freud, Vol. 17). Rio de Janeiro: Imago.

Freud, S. (1917-1918/1996). *Uma neurose infantil*. (Edição Standard Brasileira das Obras Psicológicas Completas de Sigmund Freud, Vol. 17). Rio de Janeiro: Imago.

Freud, S. (1920-1922/1996). *Além do princípio de prazer*. (Edição Standard Brasileira das Obras Psicológicas Completas de Sigmund Freud, Vol. 18). Rio de Janeiro: Imago.

Freud, S. (1920-1922/1996). *Psicologia de grupo e análise do ego.* (Edição Standard Brasileira das Obras Psicológicas Completas de Sigmund Freud, Vol. 18). Rio de Janeiro: Imago.

Freud, S. (1927-1931/1996). *O futuro de uma ilusão.* (Edição Standard Brasileira das Obras Psicológicas Completas de Sigmund Freud, Vol. 21). Rio de Janeiro: Imago.

Freud, S. (1927-1931/1996). *O mal-estar na cultura.* (Edição Standard Brasileira das Obras Psicológicas Completas de Sigmund Freud, Vol. 21). Rio de Janeiro: Imago.

Freud, S. (1937-1939/1996). *Esboço de psicanálise.* (Edição Standard Brasileira das Obras Psicológicas Completas de Sigmund Freud, Vol. 23). Rio de Janeiro: Imago.

Freud, S. (1937-1939/1996). *Moisés e o monoteísmo.* (Edição Standard Brasileira das Obras Psicológicas Completas de Sigmund Freud, Vol. 23). Rio de Janeiro: Imago.

Freud, S. (1974). *A interpretação dos sonhos* (Edição Standard Brasileira das Obras Psicológicas Completas de Sigmund Freud, Vol. 4, 5). Rio de Janeiro: Imago.

Índice onomástico

Abadi, Sonia, 27

Agamben, Giorgio, 19, 22, 143, 144, 147, 155

Arcand, Denis, 34

Augé, Marc, 34, 135, 136, 154

Aulagnier, Piera, 110, 117

Baudelaire, Charles, 71

Baudrillard, Jean, 28

Benjamin, Walter, 24, 73, 121, 143, 162

Bion, Wilfred, 19, 34, 64, 65, 79, 80, 82, 83, 85, 86, 89, 91, 92, 107

Blanchot, Maurice, 74, 171

Bléandonu, Gérard, 81

Borradori, Giovanna, 137, 138

Calasso, Roberto, 48, 49

Derrida, Jacques, 127, 135

Drummond de Andrade, Carlos, 59

Eagleton, Terry, 109

Fédida, Pierre, 39, 51

Freud, Sigmund, 19, 26, 33, 37, 38, 39, 45, 46, 48, 49, 50, 51, 53, 55, 56, 59, 60, 63, 64, 74, 81, 82, 84, 87, 89, 90, 96, 105, 107, 110, 115, 118, 119, 123, 124, 144, 147, 161, 163, 164, 165, 166, 170, 173

Goethe, Johann Wolfgang von, 151

Green, André, 45, 46, 81, 152

Hernandez, Max, 120

Herrmann, Fabio, 66, 149, 152

Kernberg, Otto, 97

Klein, Melanie, 41, 53, 61, 107

Laplanche, Jean, 50

Morin, Edgar, 135

Ovídio, 101

Primo Levi, 22, 25

Roustang, François, 65, 110, 116

Smirnoff, Victor Nikolaïevitch, 66

Sontag, Susan, 65

Vernant, Jean-Pierre, 47, 95

Viñar, Marcelo, 150

Virilio, Paul, 30, 32

Wajnberg, Daisy, 72

Widlöcher, Daniel, 119

Winnicott, Donald Woods, 19, 39, 46, 107

Yourcenar, Marguerite, 139

Zaltzman, Nathalie, 66